图解
二十届三中全会精神

本书编写组｜编

人民出版社

责任编辑：王世勇

图书在版编目（CIP）数据

图解二十届三中全会精神 / 本书编写组编 . —北京：人民出版社，2024.9
ISBN 978-7-01-026860-6

Ⅰ . D229

中国国家版本馆 CIP 数据核字第 2024NH9077 号

图解二十届三中全会精神
TUJIE ERSHIJIE SANZHONGQUANHUI JINGSHEN
本书编写组　编

人民出版社　出版发行

（100706　北京市东城区隆福寺街 99 号）

环球东方（北京）印务有限公司　新华书店经销

2024 年 9 月第 1 版　2024 年 9 月北京第 1 次印刷

开本：710 毫米 ×1000 毫米 1/16　印张：15

字数：200 千字

ISBN 978-7-01-026860-6　定价：49.00 元

邮购地址　100706　北京市东城区隆福寺街 99 号
人民东方图书销售中心　电话（010）65250042　65289539

编写说明

　　党的二十届三中全会是在以中国式现代化全面推进强国建设、民族复兴伟业的关键时期召开的一次十分重要的会议，全会通过的《中共中央关于进一步全面深化改革、推进中国式现代化的决定》（以下简称《决定》），紧紧围绕推进中国式现代化这个主题擘画进一步全面深化改革战略举措，是指导新征程上进一步全面深化改革的纲领性文件，充分体现了以习近平同志为核心的党中央继续完善和发展中国特色社会主义制度、推进国家治理体系和治理能力现代化的历史主动，充分释放了改革不停顿、开放不止步的强烈信号。

　　为更生动地宣传党的二十届三中全会精神，方便读者阅读学习，我们延续策划《十九大精神十三讲（图解版）》《图解二十大精神》《图解二十大党章》等图书的做法，邀请有关专家编写了本书，对党的二十届三中全会精神进行深入浅出的解读，并辅以大量图示、图例、图表等。本书力求形式新颖，图文并茂，通俗生动，有助于广大党员干部和群众直观、高效地全面理解和准确把握党的二十届三中全会精神，在以习近平同志为核心的党中央领导下为全面建成社会主义现代化强国、实现第二个百年奋斗目标，以中国式现代化全面推进中华民族伟大复兴而努力奋斗。

本书编写组

2024 年 8 月

目　录

第一讲　进一步全面深化改革、推进中国式现代化的
　　　　重大意义和总体要求 ································ 1

第二讲　构建高水平社会主义市场经济体制 ············ 29

第三讲　健全推动经济高质量发展体制机制 ············ 45

《决定》的文本结构

引 言 ....

第一板块

一、进一步全面深化改革、推进中国式现代化的

重大意义和总体要求 ....

第二板块

二、构建高水平社会主义市场经济体制 ....

三、健全推动经济高质量发展体制机制 ....

四、构建支持全面创新体制机制 ....

五、健全宏观经济治理体系 ....

六、完善城乡融合发展体制机制 ....

七、完善高水平对外开放体制机制 ....

八、健全全过程人民民主制度体系 ....

九、完善中国特色社会主义法治体系 ....

十、深化文化体制机制改革 ....

十一、健全保障和改善民生制度体系 ....

十二、深化生态文明体制改革 ....

十三、推进国家安全体系和能力现代化 ....

十四、持续深化国防和军队改革 ....

第三板块

十五、提高党对进一步全面深化改革、推进

中国式现代化的领导水平 ....

结束语 ....

《决定》的内容要点

▶ 2.2万余字，分三大板块，15个部分，60条

第一板块 总论

主要阐述进一步全面深化改革、推进中国式现代化的重大意义和总体要求

一、进一步全面深化改革、推进中国式现代化的重大意义和总体要求

- （1）进一步全面深化改革的重要性和必要性
  - 坚持和完善中国特色社会主义制度、推进国家治理体系和治理能力现代化的必然要求
  - 贯彻新发展理念、更好适应我国社会主要矛盾变化的必然要求
  - 坚持以人民为中心、让现代化建设成果更多更公平惠及全体人民的必然要求
  - 应对重大风险挑战、推动党和国家事业行稳致远的必然要求
  - 推动构建人类命运共同体、在百年变局加速演进中赢得战略主动的必然要求
  - 深入推进新时代党的建设新的伟大工程、建设更加坚强有力的马克思主义政党的必然要求
- （2）进一步全面深化改革的指导思想
  - 坚持马克思列宁主义、毛泽东思想、邓小平理论、"三个代表"重要思想、科学发展观
  - 全面贯彻习近平新时代中国特色社会主义思想
  - 深入学习贯彻习近平总书记关于全面深化改革的一系列新思想、新观点、新论断
  - 完整准确全面贯彻新发展理念，坚持稳中求进工作总基调
  - 坚持解放思想、实事求是、与时俱进、求真务实
  - 进一步解放和发展社会生产力、激发和增强社会活力
  - 统筹国内国际两个大局，统筹推进"五位一体"总体布局，协调推进"四个全面"战略布局
  - 以经济体制改革为牵引，以促进社会公平正义、增进人民福祉为出发点和落脚点，更加注重系统集成，更加注重突出重点，更加注重改革实效
  - 推动生产关系和生产力、上层建筑和经济基础、国家治理和社会发展更好相适应，为中国式现代化提供强大动力和制度保障

- （3）进一步全面深化改革的总目标
  - 继续完善和发展中国特色社会主义制度，推进国家治理体系和治理能力现代化
  - 到二〇三五年，全面建成高水平社会主义市场经济体制，中国特色社会主义制度更加完善，基本实现国家治理体系和治理能力现代化，基本实现社会主义现代化，为到本世纪中叶全面建成社会主义现代化强国奠定坚实基础
  - "七个聚焦"：聚焦构建高水平社会主义市场经济体制，聚焦发展全过程人民民主，聚焦建设社会主义文化强国，聚焦提高人民生活品质，聚焦建设美丽中国，聚焦建设更高水平平安中国，聚焦提高党的领导水平和长期执政能力
  - 到二〇二九年中华人民共和国成立八十周年时，完成本决定提出的改革任务
- （4）进一步全面深化改革的原则
  - 坚持党的全面领导
  - 坚持以人民为中心
  - 坚持守正创新
  - 坚持以制度建设为主线
  - 坚持全面依法治国
  - 坚持系统观念

第二板块 分论

主要从经济、政治、文化、社会、生态文明、国家安全、国防和军队等方面部署改革

二、构建高水平社会主义市场经济体制

- （5）坚持和落实"两个毫不动摇"
- （6）构建全国统一大市场
- （7）完善市场经济基础制度

三、健全推动经济高质量发展体制机制

- （8）健全因地制宜发展新质生产力体制机制
- （9）健全促进实体经济和数字经济深度融合制度
- （10）完善发展服务业体制机制
- （11）健全现代化基础设施建设体制机制
- （12）健全提升产业链供应链韧性和安全水平制度

四、构建支持全面创新体制机制

- （13）深化教育综合改革
- （14）深化科技体制改革
- （15）深化人才发展体制机制改革

五、健全宏观经济治理体系

- （16）完善国家战略规划体系和政策统筹协调机制
- （17）深化财税体制改革
- （18）深化金融体制改革
- （19）完善实施区域协调发展战略机制

六、完善城乡融合发展体制机制

- （20）健全推进新型城镇化体制机制
- （21）巩固和完善农村基本经营制度
- （22）完善强农惠农富农支持制度
- （23）深化土地制度改革

七、完善高水平对外开放体制机制

- （24）稳步扩大制度型开放
- （25）深化外贸体制改革
- （26）深化外商投资和对外投资管理体制改革
- （27）优化区域开放布局
- （28）完善推进高质量共建"一带一路"机制

八、健全全过程人民民主制度体系

- （29）加强人民当家作主制度建设
- （30）健全协商民主机制
- （31）健全基层民主制度
- （32）完善大统战工作格局

九、完善中国特色社会主义法治体系

- （33）深化立法领域改革
- （34）深入推进依法行政
- （35）健全公正执法司法体制机制
- （36）完善推进法治社会建设机制
- （37）加强涉外法治建设

十、深化文化体制机制改革

- （38）完善意识形态工作责任制
- （39）优化文化服务和文化产品供给机制

- （40）健全网络综合治理体系
- （41）构建更有效力的国际传播体系

十一、健全保障和改善民生制度体系
- （42）完善收入分配制度
- （43）完善就业优先政策
- （44）健全社会保障体系
- （45）深化医药卫生体制改革
- （46）健全人口发展支持和服务体系

十二、深化生态文明体制改革
- （47）完善生态文明基础体制
- （48）健全生态环境治理体系
- （49）健全绿色低碳发展机制

十三、推进国家安全体系和能力现代化
- （50）健全国家安全体系
- （51）完善公共安全治理机制
- （52）健全社会治理体系
- （53）完善涉外国家安全机制

十四、持续深化国防和军队改革
- （54）完善人民军队领导管理体制机制
- （55）深化联合作战体系改革
- （56）深化跨军地改革

第三板块 　主要讲加强党对改革的领导、深化党的建设制度改革、党风廉政建设和反腐败斗争

十五、提高党对进一步全面深化改革、推进中国式现代化的领导水平
- （57）坚持党中央对进一步全面深化改革的集中统一领导
- （58）深化党的建设制度改革
- （59）深入推进党风廉政建设和反腐败斗争
- （60）以钉钉子精神抓好改革落实

习近平关于《决定》的说明总体框架

▶ 约 **0.5 万**字，分 **3** 个部分

| 一 | 关于确定全会议题的考虑 |

从实践经验和现实需要出发，中央政治局决定党的二十届三中全会研究进一步全面深化改革、推进中国式现代化问题，主要有以下几方面考虑：

- 第一，这是凝聚人心、汇聚力量，实现新时代新征程党的中心任务的迫切需要
- 第二，这是完善和发展中国特色社会主义制度、推进国家治理体系和治理能力现代化的迫切需要
- 第三，这是推动高质量发展、更好适应我国社会主要矛盾变化的迫切需要
- 第四，这是应对重大风险挑战、推动党和国家事业行稳致远的迫切需要

| 二 | 关于决定稿起草过程 |

在决定稿起草过程中，重点把握以下几点：

- 一是总结和运用改革开放以来特别是新时代全面深化改革的宝贵经验，确定遵循原则，坚持正确政治方向
- 二是紧紧围绕推进中国式现代化、落实党的二十大战略部署来谋划进一步全面深化改革，坚持问题导向
- 三是抓住重点，突出体制机制改革，突出战略性、全局性重大改革，突出经济体制改革牵引作用，凸显改革引领作用
- 四是坚持人民至上，从人民整体利益、根本利益、长远利益出发谋划和推进改革
- 五是强化系统集成，加强对改革整体谋划、系统布局，使各方面改革相互配合、协同高效

三　关于决定稿基本框架和主要内容

决定稿除引言和结束语外，有 15 个部分，分三大板块

决定稿在内容摆布上有以下几个特点：

- 第一，注重发挥经济体制改革牵引作用
- 第二，注重构建支持全面创新体制机制
- 第三，注重全面改革
- 第四，注重统筹发展和安全
- 第五，注重加强党对改革的领导

第一讲

进一步全面深化改革、推进中国式现代化的重大意义和总体要求

一 进一步全面深化改革的重要性和必要性

二 进一步全面深化改革的指导思想

三 进一步全面深化改革的总目标

四 进一步全面深化改革的原则

只有社会主义才能救中国，只有改革开放才能发展中国、发展中国特色社会主义、发展马克思主义。改革开放是我们党的历史上一次伟大觉醒，正是这个伟大觉醒孕育了新时期从理论到实践的伟大创造，历史一再证明，改革开放是当代中国发展进步的活力之源，是坚持和发展中国特色社会主义的必由之路，是决定当代中国命运的关键一招，也是决定实现第二个百年奋斗目标、实现中华民族伟大复兴的关键一招。

一、进一步全面深化改革的重要性和必要性

1. 党的十一届三中全会和党的十八届三中全会

党的二十届三中全会通过的《中共中央关于进一步全面深化改革、推进中国式现代化的决定》（以下简称《决定》）指出：改革开放是党和人民事业大踏步赶上时代的重要法宝。党的十一届三中全会是划时代的，开启了改革开放和社会主义现代化建设新时期。党的十八届三中全会也是划时代的，开启了新时代全面深化改革、系统整体设计推进改革新征程，开创了我国改革开放全新局面。

1978 年 12 月 18 日至 22 日召开的党的十一届三中全会，在党和国家面临何去何从的重大历史关头，作出了把党和国家工作中心转移到经济建设上来、实行改革开放的历史性决策，成功开创了中国特色

两次划时代的三中全会

党的十一届三中全会是划时代的，开启了改革开放和社会主义现代化建设新时期

党的十八届三中全会也是划时代的，开启了新时代全面深化改革、系统整体设计推进改革新征程，开创了我国改革开放全新局面

社会主义，以实现伟大历史转折而载入史册。

2013年11月9日至12日召开的党的十八届三中全会，拉开了新时代全面深化改革的大幕，吹响了全面深化改革的号角，作出了自改革开放以来最为系统全面的顶层设计，确定了全面深化改革的总目标、战略重点、优先顺序等，以及时间表、路线图，是我国改革开放进程中的重要里程碑，标志着我国改革开放进入了一个新的历史阶段，踏上了划时代的新征程。

🎙 权威声音

习近平（中共中央总书记、国家主席、中央军委主席）：实践充分证明，改革开放和社会主义现代化建设新时期，我国大踏步赶上时代，靠的是改革开放。党的十八大以来，党和国家事业取得历史性成就、发生历史性变革，靠的也是改革开放。新时代新征程上，要开创中国式现代化建设新局面，仍然要靠改革开放。

改革开放以来党的历届三中全会

党的十一届三中全会
🕐 召开时间：1978 年 12 月 18 日至 22 日
📊 中心议题：把全党的工作重点转移到社会主义现代化建设上来

🕐 召开时间：1984 年 10 月 20 日
📊 中心议题：经济体制改革
党的十二届三中全会

党的十三届三中全会
🕐 召开时间：1988 年 9 月 26 日至 30 日
📊 中心议题：治理经济环境、整顿经济秩序

🕐 召开时间：1993 年 11 月 11 日至 14 日
📊 中心议题：建立社会主义市场经济体制
党的十四届三中全会

党的十五届三中全会
🕐 召开时间：1998 年 10 月 12 日至 14 日
📊 中心议题：建设社会主义新农村

🕐 召开时间：2003 年 10 月 11 日至 14 日
📊 中心议题：完善社会主义市场经济体制
党的十六届三中全会

党的十七届三中全会
🕐 召开时间：2008 年 10 月 9 日至 12 日
📊 中心议题：新形势下推进农村改革发展

🕐 召开时间：2013 年 11 月 9 日至 12 日
📊 中心议题：全面深化改革
党的十八届三中全会

党的十九届三中全会
🕐 召开时间：2018 年 2 月 26 日至 28 日
📊 中心议题：深化党和国家机构改革

🕐 召开时间：2024 年 7 月 15 日至 18 日
📊 中心议题：进一步全面深化改革、推进中国式现代化
党的二十届三中全会

2. 全面深化改革取得伟大成就

党的十八届三中全会以来，我国全面深化改革取得了历史性的伟大成就，对此，《决定》指出：以习近平同志为核心的党中央团结带领全党全军全国各族人民，以伟大的历史主动、巨大的政治勇气、强烈的责任担当，冲破思想观念束缚，突破利益固化藩篱，敢于突进深水区，敢于啃硬骨头，敢于涉险滩，坚决破除各方面体制机制弊端，实现改革由局部探索、破冰突围到系统集成、全面深化的转变，各领域基础性制度框架基本建立，许多领域实现历史性变革、系统性重塑、整体性重构，总体完成党的十八届三中全会确定的改革任务，实现到党成立一百周年时各方面制度更加成熟更加定型取得明显成效的目标，为全面建成小康社会、实现党的第一个百年奋斗目标提供有力制度保障，推动我国迈上全面建设社会主义现代化国家新征程。

新时代以来，党中央以前所未有的决心和力度冲破思想观念的束缚，突破利益固化的藩篱，坚决破除各方面体制机制弊端，积极应对外部环境变化带来的风险挑战，加强各项改革的系统集成和协同配合，把握改革举措的关联性和耦合性，开启了气势如虹、波澜壮阔的全面深化改革进程。新时代全面深化改革是全方位、深层次、根本性的，取得的成就是历史性、革命性、开创性的。全面深化改革提出的一系列创新理论、采取的一系列重大举措、取得的一系列重大突破，进一步解放和发展了社会生产力，推动生产关系和生产力、上层建筑和经济基础、国家治理和社会发展更好相适应，开创了以改革开放推动党和国家各项事业取得历史性成就、发生历史性变革的新局面。中国特色社会主义制度更加成熟更加定型，国家治理体系和治理能力现代化水平不断提高，党和国家事业焕发出新的生机活力，中国式现代化展现出光明前景。全面深化改革是一场思想理论的深刻变革，是一场改革组织方式的深刻变革，是一场国家制度和治理体系的深刻变革，是一场人民广泛参与的深刻变革。

3. 进一步全面深化改革面临的形势

《决定》指出：当前和今后一个时期是以中国式现代化全面推进强国建设、民族复兴伟业的关键时期。中国式现代化是在改革开放中不断推进的，也必将在改革开放中开辟广阔前景。面对纷繁复杂的国际国内形势，面对新一轮科技革命和产业变革，面对人民群众新期待，必须继续把改革推向前进。

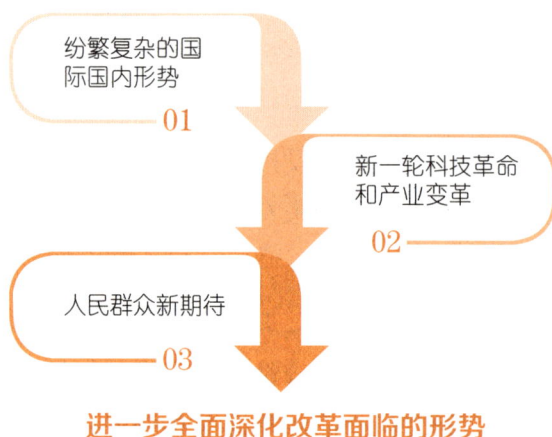

纷繁复杂的国际国内形势
01

新一轮科技革命和产业变革
02

人民群众新期待
03

进一步全面深化改革面临的形势

一是纷繁复杂的国际国内形势。从国际来看，世界百年未有之大变局加速演进，国际力量对比持续演变。全球主要大国或国家集团之间的竞合关系处于深度调整期，一些西方国家固守冷战思维，热衷于在国际社会制造矛盾和分歧，挑起军事对抗，传统安全压力和风险逐步上升。美国挑起意识形态竞争，肆意推行脱钩、断链和制裁，极力打压其他国家发展势头和空间，我国发展面临的外部环境日益严峻。从国内来看，我国经济发展面临需求收缩、供给冲击、预期转弱三重压力，还面临不少躲不开、绕不过的深层次矛盾和亟待完善的体制机制问题；长期形成的经济结构和增长动力还不能适应高质量发展的要求，治理体系和治理能力还不能完全适应经济社会发展的需要；人口数量变化、债务风险加大等因素对我国经济的长期可持续发展形成较大压力。

二是新一轮科技革命和产业变革。当前，我们迎来了世界新一轮科技革命和产业变革同我国转变发展方式的历史性交汇期，既面临千载难逢的历史机遇，又面临差距拉大的严峻挑战。新一代数字技术迭代速度快、渗透力强、影响面广，已经并将继续深刻影响人类的生产生活方式。随着以人工智能、大数据、量子信息、物联网、云计算、区块链为代表的新一代数字技术加速突破应用，数字经济日益融入经济社会发展各领域全过程，发展速度之快、辐射范围之广、影响程度之深前所未有，智能制造、服务型制造、数字贸易等新的生产方式和产业模式风起云涌。

三是人民群众新期待。抓改革、促发展，归根到底就是为了让人民过上更好的日子。人民群众对美好生活的需要正从单一化转向多样化、个性化，期盼有更好的教育、更稳定的工作、更满意的收入、更可靠的社会保障、更高水平的医疗卫生服务、更舒适的居住条件、更优美的环境、更丰富的精神文化生活。人民有所呼，改革有所应，让改革发展成果更多更公平惠及全体人民，不断增强人民群众获得感、幸福感、安全感。

4. 进一步全面深化改革的重大意义

关于进一步全面深化改革的重大意义，《决定》将其概括为"六个必然要求"：这是坚持和完善中国特色社会主义制度、推进国家治理体系和治理能力现代化的必然要求，是贯彻新发展理念、更好适应我国社会主要矛盾变化的必然要求，是坚持以人民为中心、让现代化建设成果更多更公平惠及全体人民的必然要求，是应对重大风险挑

```
                    ┌─────────────────────────────────────────┐
                    │ 坚持和完善中国特色社会主义制度、推进国家 │
                    │ 治理体系和治理能力现代化的必然要求       │
                    └─────────────────────────────────────────┘
                    ┌─────────────────────────────────────────┐
                    │ 贯彻新发展理念、更好适应我国社会主要矛盾 │
                    │ 变化的必然要求                           │
                    └─────────────────────────────────────────┘
    ┌──────────┐    ┌─────────────────────────────────────────┐
    │ 进一步全面 │    │ 坚持以人民为中心、让现代化建设成果更多更 │
    │ 深化改革的 │    │ 公平惠及全体人民的必然要求               │
    │ 重大意义  │    └─────────────────────────────────────────┘
    └──────────┘    ┌─────────────────────────────────────────┐
                    │ 应对重大风险挑战、推动党和国家事业行稳致 │
                    │ 远的必然要求                             │
                    └─────────────────────────────────────────┘
                    ┌─────────────────────────────────────────┐
                    │ 推动构建人类命运共同体、在百年变局加速演 │
                    │ 进中赢得战略主动的必然要求               │
                    └─────────────────────────────────────────┘
                    ┌─────────────────────────────────────────┐
                    │ 深入推进新时代党的建设新的伟大工程、建设 │
                    │ 更加坚强有力的马克思主义政党的必然要求   │
                    └─────────────────────────────────────────┘
```

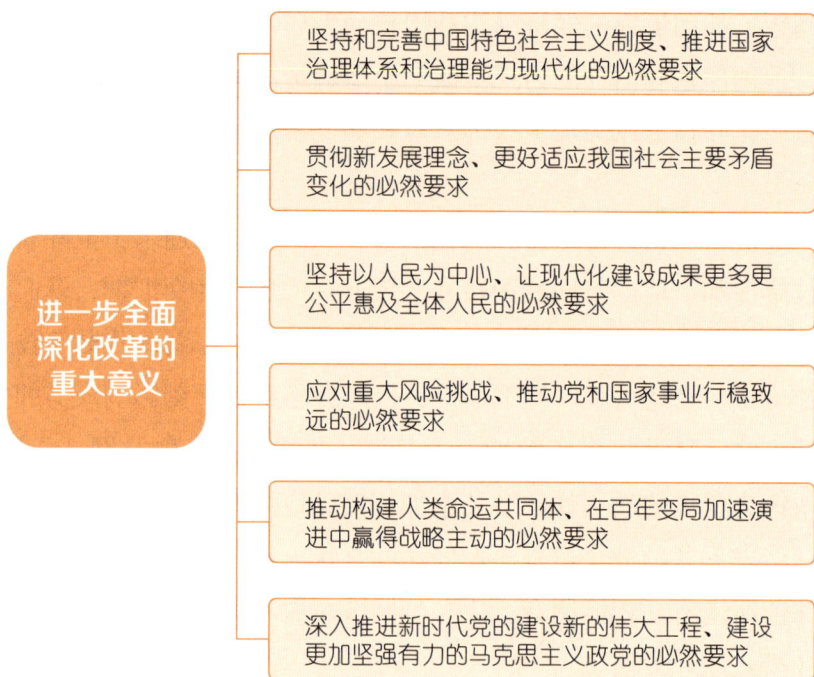

战、推动党和国家事业行稳致远的必然要求，是推动构建人类命运共同体、在百年变局加速演进中赢得战略主动的必然要求，是深入推进新时代党的建设新的伟大工程、建设更加坚强有力的马克思主义政党的必然要求。改革开放只有进行时，没有完成时。全党必须自觉把改革摆在更加突出位置，紧紧围绕推进中国式现代化进一步全面深化改革。

（1）坚持和完善中国特色社会主义制度、推进国家治理体系和治理能力现代化的必然要求

相比我国经济社会发展和人民群众新期待，相比当今世界日趋激烈的国际竞争，相比实现国家长治久安，我们在国家治理体系和治理能力方面还有许多亟待改进的地方，我们的制度还没有达到更加成熟更加定型的要求，有些方面甚至成为制约我们发展的重要因素。制度更加成熟更加定型是一个动态过程，国家治理体系和治理能力现代化

也是一个动态过程，要进一步解决我国发展面临的一系列突出矛盾和问题。推动生产关系和生产力、上层建筑和经济基础、国家治理和社会发展更好相适应，必须坚持以制度建设为主线，进一步破解深层次体制机制障碍，筑牢根本制度、完善基本制度、创新重要制度，使中国特色社会主义制度更加巩固、优越性充分展现，把我国制度优势更好转化为国家治理效能。

（2）贯彻新发展理念、更好适应我国社会主要矛盾变化的必然要求

贯彻新发展理念，必须坚持进一步全面深化改革，依靠进一步全面深化改革提供体制机制保障。贯彻新发展理念、构建新发展格局、推动高质量发展，要以进一步全面深化改革添动力、求突破。进一步全面深化改革同贯彻新发展理念、构建新发展格局紧密关联，我国发展不平衡不充分问题仍然突出，推动高质量发展仍有不少体制机制障碍和卡点瓶颈。必须精准出台改革方案，推动改革向更深层次挺进，发挥进一步全面深化改革在构建新发展格局中的关键作用。中国特色社会主义进入新时代，我国社会主要矛盾已经转化为人民日益增长的美好生活需要和不平衡不充分的发展之间的矛盾。解决发展不平衡不充分问题，必须致力于满足人民对美好生活的需要，坚持以经济建设为中心，用改革的方法解决发展中的问题。

（3）坚持以人民为中心、让现代化建设成果更多更公平惠及全体人民的必然要求

人民对美好生活的向往，就是我们党的奋斗目标。以人民为中心的发展思想就是把人作为发展的目的和归宿，追求人的全面发展。中国共产党推动经济社会发展，归根到底是为了不断满足人民日益增长的美好生活需要。中国式现代化是全体人民共同富裕的现代化，共同富裕是中国特色社会主义的本质要求，也是一个长期的历史过程。促进社会公平正义、增进人民福祉，必须从人民的整体利益、根本利

益、长远利益出发谋划和推进改革，进一步完善收入分配制度，提高居民收入在国民收入分配中的比重，提高劳动报酬在初次分配中的比重，注重从就业、增收、入学、就医、住房、办事、托幼养老以及生命财产安全等老百姓急难愁盼中找准改革的发力点和突破口，切实做到人民有所呼、改革有所应，不断推动改革发展成果更多更公平惠及全体人民，做到改革为了人民、改革依靠人民、改革成果由人民共享。

（4）应对重大风险挑战、推动党和国家事业行稳致远的必然要求

当前，我国发展外部环境的复杂性、严峻性、不确定性明显上升，国内改革发展稳定、内政外交国防、治党治国治军各方面任务之繁重也前所未有，我国发展进入战略机遇和风险挑战并存、不确定难预料因素增多的时期。改革是推动国家发展的根本动力，也是应对风险挑战的关键一招。发展环境越是严峻复杂，越要坚定不移进一步全面深化改革，以更坚定的信心、更有力的举措继续把改革推向前进，坚持目标引领，突出问题导向，敢于突进深水区，敢于面对新矛盾新挑战，敢于啃硬骨头，敢于涉险滩，为中国式现代化注入强劲动力、提供有力制度保障。只有不断深化改革，发挥好改革的突破和先导作用，才能突破瓶颈、打破束缚、战胜挑战、化解风险，才能理顺经济社会发展中各种错综复杂的关系，牢牢抓住机遇，在危机中育先机、于变局中开新局。

（5）推动构建人类命运共同体、在百年变局加速演进中赢得战略主动的必然要求

中国式现代化是走和平发展道路的现代化，既造福中国人民，又促进人类进步。推动构建人类命运共同体，获得国际社会越来越广泛的响应。改革开放使中国更深更广地融入经济全球化，成为全球治理体系改革和建设的积极参与者。进入新时代，党中央强调，面对复杂严峻的国际形势和前所未有的外部风险挑战，必须统筹国内国际两个

大局，进一步全面深化改革，推进国家治理体系和治理能力现代化，增强我国发展的竞争力、持续力，以制度优势和治理效能在日趋激烈的国际竞争中赢得主动、赢得优势、赢得未来。通过进一步全面深化改革，破除妨碍推进中国式现代化的思想观念和体制机制弊端，不断巩固和扩大我国在国际竞争中的制度优势，为全球治理朝着更加公正合理的方向发展贡献更多中国智慧和中国方案。

（6）深入推进新时代党的建设新的伟大工程、建设更加坚强有力的马克思主义政党的必然要求

我们党面临的执政考验、改革开放考验、市场经济考验、外部环境考验将长期存在，精神懈怠危险、能力不足危险、脱离群众危险、消极腐败危险将长期存在。解决大党独有难题，是实现新时代新征程党的使命任务必须迈过的一道坎。勇于推进改革是马克思主义政党的鲜明品格，马克思主义政党的先进性决定了其具有最彻底的革命性，决定了其勇于自我革命的政治基因。我们党在自我革命中坚守初心，大力推进理论创新、实践创新、制度创新、文化创新以及其他各方面创新。不断推进改革是中国共产党永葆生机活力的法宝，在新的历史条件下，面对复杂的执政环境，坚持用改革精神管党治党，形成坚持真理、修正错误，发现问题、纠正偏差的机制，完善党的自我革命制度规范体系，不断增强自我净化、自我完善、自我革新、自我提高能力，筑牢马克思主义政党保持长期执政地位的强大支撑，使我们党始终成为中国特色社会主义事业的坚强领导核心。

二、进一步全面深化改革的指导思想

关于进一步全面深化改革的指导思想，《决定》概括为：坚持马克思列宁主义、毛泽东思想、邓小平理论、"三个代表"重要思想、

科学发展观，全面贯彻习近平新时代中国特色社会主义思想，深入学习贯彻习近平总书记关于全面深化改革的一系列新思想、新观点、新论断，完整准确全面贯彻新发展理念，坚持稳中求进工作总基调，坚持解放思想、实事求是、与时俱进、求真务实，进一步解放和发展社会生产力、激发和增强社会活力，统筹国内国际两个大局，统筹推进"五位一体"总体布局，协调推进"四个全面"战略布局，以经济体制改革为牵引，以促进社会公平正义、增进人民福祉为出发点和落脚点，更加注重系统集成，更加注重突出重点，更加注重改革实效，推动生产关系和生产力、上层建筑和经济基础、国家治理和社会发展更好相适应，为中国式现代化提供强大动力和制度保障。

更加注重系统集成，要求进一步全面深化改革强化系统观、全局观，加强改革举措协调联动，增强改革系统性、整体性、协同性，发挥制度整体效能；更加注重突出重点，要求在抓改革上更加聚焦，率先抓好重点领域和关键环节改革，集中抓好牵一发动全身的重大改革，以重点突破带动改革整体推进；更加注重改革实效，要求在改革抓落实上投入更多精力、拿出更多务实办法，以钉钉子精神抓好落实，推动改革举措落地见效。

三、进一步全面深化改革的总目标

1. 总目标

《决定》指出，进一步全面深化改革的总目标是：继续完善和发展中国特色社会主义制度，推进国家治理体系和治理能力现代化。

党的十八届三中全会正式提出，全面深化改革的总目标是完善和发展中国特色社会主义制度，推进国家治理体系和治理能力现代化。

进一步全面深化改革的总目标

继续完善和发展中国特色社会主义制度

推进国家治理体系和治理能力现代化

全面深化改革总目标的确立，是完善和发展中国特色社会主义制度的必然要求，是实现社会主义现代化的题中应有之义，是我们党对改革开放理论的一个重大创新。全面深化改革总目标的提出，充分体现了我们党对改革认识的深化和系统化，表明我们党对中国特色社会主义建设规律的认识达到了新高度。全面深化改革总目标的确立，使改革实现了由局部探索、破冰突围到系统集成、全面深化的转变，对于在改革发展新阶段推动中国特色社会主义制度更加成熟更加定型、为实现中华民族伟大复兴提供更为完善的制度保障具有重大意义。

党的二十届三中全会把进一步全面深化改革的总目标明确为"继续完善和发展中国特色社会主义制度，推进国家治理体系和治理能力现代化"，同党的十八届三中全会确立的目标一脉相承，再次亮明我们党领导改革的目标导向，再度宣示一张蓝图绘到底的坚强决心。新征程上，只有锚定"继续完善和发展中国特色社会主义制度，推进国家治理体系和治理能力现代化"这个总目标，深刻把握我国发展要求和时代潮流，推动各方面制度更加成熟更加定型，推进国家治理体系和治理能力现代化，才能为中国式现代化稳步前行提供有力的制度保障。

国家治理体系和治理能力，是一个国家制度和制度执行能力的集中体现。国家治理体系是在党领导下管理国家的制度体系，包括经济、政治、文化、社会、生态文明和党的建设等各领域体制机制、法律法规安排，是一整套紧密相连、相互协调的国家制度；国家治理能力则是运用国家制度管理社会各方面事务的能力，包括改革发展稳定、内政外交国防、治党治国治军等各个方面。这两者是一个有机整体，相辅相成，治理体系搭建好了，治理能力才能提高；治理能力提高了，治理体系才能充分发挥效能。

进一步全面深化改革的总目标具有丰富的科学内涵，是方向性、统领性、有效性的有机统一。在进一步全面深化改革的总目标中，继续完善和发展中国特色社会主义制度，规定了进一步全面深化改革的根本方向是中国特色社会主义道路；推进国家治理体系和治理能力现代化，体现了在根本方向指引下继续完善和发展中国特色社会主义制度的鲜明指向。深刻理解和准确把握进一步全面深化改革的总目标，对推进实现改革历史任务、贯彻落实好各项改革部署至关重要。

2. 进一步全面深化改革的阶段性目标

《决定》指出：到二〇三五年，全面建成高水平社会主义市场经济体制，中国特色社会主义制度更加完善，基本实现国家治理体系和治理能力现代化，基本实现社会主义现代化，为到本世纪中叶全面建成社会主义现代化强国奠定坚实基础。

党的十八届三中全会以来，我们党在全面深化改革上持续发力、久久为功，党的十八届四中、五中、六中全会，党的十九大、二十大以及党的十九大以来有关中央全会都对改革作出接续安排。

对于全面深化改革的阶段性任务，党的十八届三中全会通过的《中共中央关于全面深化改革若干重大问题的决定》提出："到二〇二〇年，在重要领域和关键环节改革上取得决定性成果，完成本

进一步全面深化改革的阶段性目标

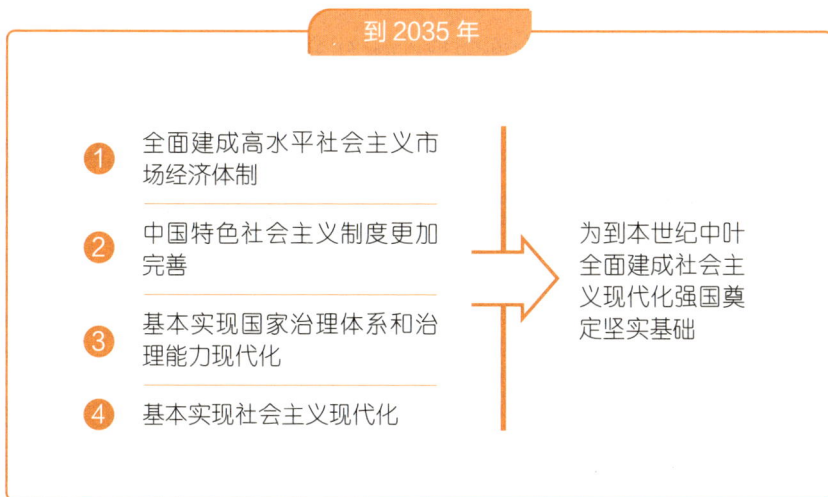

到 2035 年

1 全面建成高水平社会主义市场经济体制

2 中国特色社会主义制度更加完善

3 基本实现国家治理体系和治理能力现代化

4 基本实现社会主义现代化

为到本世纪中叶全面建成社会主义现代化强国奠定坚实基础

决定提出的改革任务，形成系统完备、科学规范、运行有效的制度体系，使各方面制度更加成熟更加定型。"党的十八届五中全会强调，"十三五"时期要实现"国家治理体系和治理能力现代化取得重大进展，各领域基础性制度体系基本形成"。这些任务已经完成。

党的十九大进一步明确了全面深化改革的分阶段目标，提出到2035 年我国制度建设和治理能力建设的目标是，"各方面制度更加完善，国家治理体系和治理能力现代化基本实现"；到 21 世纪中叶"实现国家治理体系和治理能力现代化"。党的十九届四中全会提出："坚持和完善中国特色社会主义制度、推进国家治理体系和治理能力现代化的总体目标是，到我们党成立一百年时，在各方面制度更加成熟更加定型上取得明显成效；到二〇三五年，各方面制度更加完善，基本实现国家治理体系和治理能力现代化；到新中国成立一百年时，全面实现国家治理体系和治理能力现代化，使中国特色社会主义制度更加巩固、优越性充分展现。"党的二十大进一步强调，到 2035 年，"基本实现国家治理体系和治理能力现代化"。

结合这些表述，以及党的十九大对实现第二个百年奋斗目标、全面建成社会主义现代化强国作出两个阶段的战略部署（第一个阶段，从 2020 年到 2035 年，在全面建成小康社会的基础上，再奋斗 15 年，基本实现社会主义现代化；第二个阶段，从 2035 年到 21 世纪中叶，在基本实现现代化的基础上，再奋斗 15 年，把我国建成富强民主文明和谐美丽的社会主义现代化强国），党的二十届三中全会延续了上述阶段性目标。

3. "七个聚焦"

为了更好地实现进一步全面深化改革的总目标，《决定》在党的十八届三中全会提出的"六个紧紧围绕"的基础上，适应新形势新任务提出了"七个聚焦"的要求，增加了安全领域，并对各领域目标要求也与时俱进作了丰富和完善。

一是聚焦构建高水平社会主义市场经济体制，充分发挥市场在资源配置中的决定性作用，更好发挥政府作用，坚持和完善社会主义基本经济制度，推进高水平科技自立自强，推进高水平对外开放，建成现代化经济体系，加快构建新发展格局，推动高质量发展。

二是聚焦发展全过程人民民主，坚持党的领导、人民当家作主、依法治国有机统一，推动人民当家作主制度更加健全、协商民主广泛多层制度化发展、中国特色社会主义法治体系更加完善，社会主义法治国家建设达到更高水平。

三是聚焦建设社会主义文化强国，坚持马克思主义在意识形态领域指导地位的根本制度，健全文化事业、文化产业发展体制机制，推动文化繁荣，丰富人民精神文化生活，提升国家文化软实力和中华文化影响力。

四是聚焦提高人民生活品质，完善收入分配和就业制度，健全社会保障体系，增强基本公共服务均衡性和可及性，推动人的全面发展、全体人民共同富裕取得更为明显的实质性进展。

五是聚焦建设美丽中国，加快经济社会发展全面绿色转型，健全生态环境治理体系，推进生态优先、节约集约、绿色低碳发展，促进人与自然和谐共生。

六是聚焦建设更高水平平安中国，健全国家安全体系，强化一体化国家战略体系，增强维护国家安全能力，创新社会治理体制机制和手段，有效构建新安全格局。

七是聚焦提高党的领导水平和长期执政能力，创新和改进领导方式和执政方式，深化党的建设制度改革，健全全面从严治党体系。

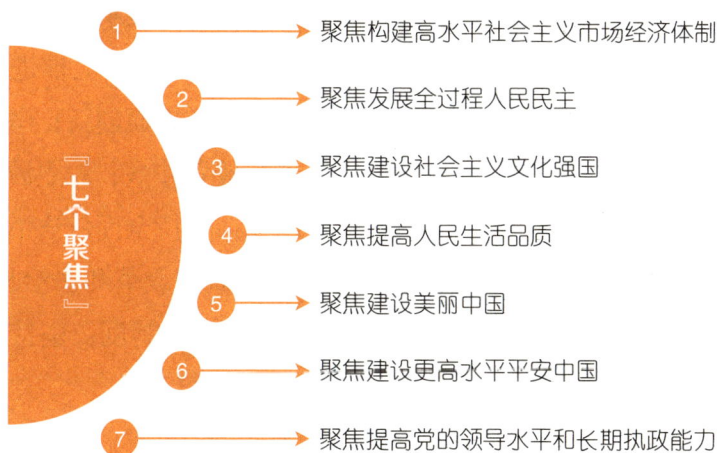

「七个聚焦」

1 → 聚焦构建高水平社会主义市场经济体制

2 → 聚焦发展全过程人民民主

3 → 聚焦建设社会主义文化强国

4 → 聚焦提高人民生活品质

5 → 聚焦建设美丽中国

6 → 聚焦建设更高水平平安中国

7 → 聚焦提高党的领导水平和长期执政能力

4. 完成时间

改革目标要有计划推进、分阶段实施，必须处理好当前和长远的关系。《决定》对所列任务的完成时间提出了明确要求，以 5 年为期，到 2029 年中华人民共和国成立 80 周年时，完成本决定提出的改革任务。这是同党的二十大作出的战略安排相匹配、相衔接的。

四、进一步全面深化改革的原则

《决定》指出：总结和运用改革开放以来特别是新时代全面深化改革的宝贵经验，贯彻以下原则：坚持党的全面领导，坚定维护党中央权威和集中统一领导，发挥党总揽全局、协调各方的领导核心作用，把党的领导贯穿改革各方面全过程，确保改革始终沿着正确政治方向前进；坚持以人民为中心，尊重人民主体地位和首创精神，人民有所呼、改革有所应，做到改革为了人民、改革依靠人民、改革成果由人民共享；坚持守正创新，坚持中国特色社会主义不动摇，紧跟时代步伐，顺应实践发展，突出问题导向，在新的起点上推进理论创新、实践创新、制度创新、文化创新以及其他各方面创新；坚持以制度建设为主线，加强顶层设计、总体谋划，破立并举、先立后破，筑牢根本制度，完善基本制度，创新重要制度；坚持全面依法治国，在法治轨道上深化改革、推进中国式现代化，做到改革和法治相统一，重大改革于法有据、及时把改革成果上升为法律制度；坚持系统观

进一步全面深化改革的原则

1 坚持党的全面领导

2 坚持以人民为中心

3 坚持守正创新

4 坚持以制度建设为主线

5 坚持全面依法治国

6 坚持系统观念

念，处理好经济和社会、政府和市场、效率和公平、活力和秩序、发展和安全等重大关系，增强改革系统性、整体性、协同性。

1. 坚持党的全面领导，坚定维护党中央权威和集中统一领导，发挥党总揽全局、协调各方的领导核心作用，把党的领导贯穿改革各方面全过程，确保改革始终沿着正确政治方向前进

中国特色社会主义最本质的特征是中国共产党领导，中国特色社会主义制度的最大优势是中国共产党领导，党是最高政治领导力量。党的领导和中国特色社会主义发展是不可分割的，党的领导制度的完善同中国特色社会主义制度的完善是相辅相成的。中国人民和中华民族之所以能够扭转近代以后的历史命运、取得今天的伟大成就，最根本的是有中国共产党的坚强领导。历史和现实都证明，没有中国共产党，就没有新中国，就没有中华民族伟大复兴。

中国共产党是中国特色社会主义事业的坚强领导核心。中国共产党以为人民谋幸福、为民族谋复兴、为世界谋大同为己任，代表中国最广大人民根本利益。坚持党中央权威和集中统一领导是党的领导的最高原则。党的领导是全面的、系统的、整体的。党政军民学，东西南北中，党是领导一切的。

党的领导是进一步全面深化改革、推进中国式现代化的根本保证。实践证明，加强党对全面深化改革的集中统一领导，是艰巨复杂的改革工作得以沿着正确方向顺利推进的根本政治保证。进一步全面深化改革，必须牢牢把握中国特色社会主义最本质的特征是中国共产党领导，充分发挥党总揽全局、协调各方的领导核心作用，坚决维护党中央权威和集中统一领导。

当前和今后一个时期是以中国式现代化全面推进强国建设、民族复兴伟业的关键时期，我国改革发展稳定、内政外交国防、治党治国治军各方面任务之繁重前所未有。形势越复杂，挑战越严峻，任务越艰巨，越是需要坚持和加强党的全面领导。在进一步全面深化改革、推进中国式现代化的新征程上，要应对国内外深刻复杂变化的形势，战胜前进道路上各种风险挑战，进一步破除妨碍推进中国式现代化的思想观念和体制机制弊端，进一步解放和发展社会生产力、增强社会活力，推动生产关系和生产力、上层建筑和经济基础、国家治理和社会发展更好相适应，进一步处理好经济和社会、政府和市场、效率和公平、活力和秩序、发展和安全等重大关系，必须更加自觉地坚持党中央对进一步全面深化改革的集中统一领导。

2. 坚持以人民为中心，尊重人民主体地位和首创精神，人民有所呼、改革有所应，做到改革为了人民、改革依靠人民、改革成果由人民共享

党的十八大以来，以习近平同志为核心的党中央提出以人民为中心的发展思想，提出"人民对美好生活的向往就是我们的奋斗目标"，"只有坚持以人民为中心的发展思想，坚持发展为了人民、发展依靠人民、发展成果由人民共享，才会有正确的发展观、现代化观"等一系列重要理念，深刻阐明了中国共产党以人民为中心根本立场的丰富内涵。

坚持以人民为中心，是由我们党的根本宗旨、我国经济社会发展的根本目的决定的。中国共产党是为人民谋幸福的党，党来自人民、植根人民、服务人民，为人民而生、因人民而兴。党的根基在人民、血脉在人民、力量在人民。人民立场是党的根本政治立场，始终同人民在一起，为人民利益而奋斗，是我们党立党兴党强党的根本出发点和落脚点。党从成立之日起，就把为人民服务写在了自己的旗帜上。

"老百姓是天，老百姓是地。"在革命、建设、改革的每一个关键阶段、每一次重大关头，我们党都始终紧紧依靠人民战胜困难、赢得胜利。习近平总书记指出，"党的一切工作都是为了实现好、维护好、发展好最广大人民根本利益","始终要把人民放在心中最高的位置，始终全心全意为人民服务，始终为人民利益和幸福而努力工作"。人民是中国共产党拼搏奋斗的力量源泉和执政兴国的根本所在。

一是坚持改革为了人民。"民心是最大的政治。"坚持改革为了人民，要把人民作为我们党的工作的最高裁决者和最终评判者。"时代是出卷人，我们是答卷人，人民是阅卷人。"习近平总书记指出，"全党同志无论职位高低，都要把人民拥护不拥护、赞成不赞成、高兴不高兴、答应不答应作为衡量一切工作得失的根本标准"。要坚持从人民利益出发谋划改革思路，坚持人民群众关心什么、期盼什么，改革就抓住什么、推进什么，做到人民有所呼、改革有所应，充分保障人民群众的知情权、参与权、表达权、监督权，把民心民意体现到改革政策制定和实施的全过程，努力使改革符合广大人民群众意愿、得到广大人民群众拥护。

二是坚持改革依靠人民。人民是历史的创造者，是决定党和国家前途命运的根本力量。中华民族迎来从站起来、富起来到强起来的伟大飞跃，正是中国共产党和全国人民一道拼出来、干出来、奋斗出来的。人民群众中蕴藏着治国理政、管党治党的智慧和力量。坚持改革依靠人民，就是要充分调动最广大人民的积极性、主动性、创造性，紧紧依靠人民创造历史伟业。要虚心向人民学习，坚持问政于民、问需于民、问计于民，尊重人民群众主体地位和首创精神，使各方面制度和国家治理更好体现人民意志、保障人民权益、激发人民创造。

三是坚持改革成果由人民共享。全面深化改革的根本任务是解放和发展社会生产力，促进社会公平正义，让发展成果更多更公平地惠及全体人民。要着力解决地区差距、城乡差距、收入差距，在扎实推动公共服务均等化的同时，加快扩大中等收入群体，把增强人民群众获得感、幸福感、安全感作为检验改革成效的根本标准。确保"共同富裕路上，一个不能掉队"，使全体人民朝着共同富裕目标扎实迈进。

3.坚持守正创新，坚持中国特色社会主义不动摇，紧跟时代步伐，顺应实践发展，突出问题导向，在新的起点上推进理论创新、实践创新、制度创新、文化创新以及其他各方面创新

坚持守正创新，是我们党在新时代治国理政的重要思想方法，是改革的本质要求。坚持守正创新，是我们党坚持和发展马克思主义，不断推进理论创新、进行理论创造的必然要求，是新时代推进中国特色社会主义理论和实践发展的必然选择。

守正创新，体现了马克思主义唯物辩证法的要求。守正与创新相辅相成，体现了变与不变、继承与发展、原则性与创造性的辩证统一。守正是本源、根基和前提，创新是趋势、方向和动力。守正才能不迷失方向、不犯颠覆性错误，创新才能把握时代、引领时代。只有在创新的过程中守正，才能避免故步自封，做到与时俱进、推陈出新；只有在守正的基础上创新，才能坚持正确方向，实现根深叶茂、源远流长。

面对世情国情党情的新变化，面对前所未有的风险考验，始终坚持马克思主义的指导地位和中国特色社会主义道路，坚守党的性质宗旨、理想信念、初心使命，着力正本清源、固本培元。中国特色社会主义是实现中华民族伟大复兴的必由之路，我们党始终沿着正确方向推动改革创新，既不走封闭僵化的老路，也不走改旗易帜的邪路。

创新就是勇于探索、开辟新境，敢于说前人没有说过的新话，敢于干前人没有干过的事情。我们党积极推进马克思主义中国化时代化，在坚持马克思主义立场观点方法的同时，又强调用新的实践丰富和发展马克思主义，用中国化时代化的马克思主义指导中国新的实践。当前，世界之变、时代之变、历史之变正以前所未有的方式展开，世界百年未有之大变局加速演进，要立足现实之需，回应时代之问，突破思想观念束缚，以思想破冰引领发展突围，不断回应新关切、解答新问题、提出新方法、创造新成果，让更多"变"的创新活力充分涌流，为进一步全面深化改革和推进中国式现代化提供更为坚实的方法支撑、更为主动的精神力量。

4. 坚持以制度建设为主线，加强顶层设计、总体谋划，破立并举、先立后破，筑牢根本制度，完善基本制度，创新重要制度

制度带有管根本、管长远的特点。就国家治理而言，制度是前提，能够起到根本性、全局性、长远性作用。要实现中国的长治久安以及国家治理体系和治理能力现代化，不仅要重视理想信念教育，更重要的是加强制度建设，建章立制，依靠规章制度约束个人行为，坚持用制度管权、按制度办事、靠制度管人。推进国家治理体系和治理能力现代化，就是要善于运用制度和法律治理国家，使各方面制度更加科学、更加完善，实现党、国家、社会各项事务治理制度化、规范化、程序化、法治化、常态化、长效化。从这个角度来说，必须增强以改革推进国家制度和国家治理体系建设的自觉性。

全面深化改革的一个鲜明特点，就是以制度建设为主线。运用法治思维、法治方式来解决问题，从而构建系统完备、科学规范、运行有效的制度体系。新时代进一步全面深化改革具有许多新的内涵和特

进一步全面深化改革更加注重制度建设 → 筑牢根本制度

进一步全面深化改革更加注重制度建设 → 完善基本制度

进一步全面深化改革更加注重制度建设 → 创新重要制度

点，必须更加注重制度建设，加强顶层设计、总体谋划，固根基、扬优势，补短板、强弱项，破立并举、先立后破，为中国式现代化提供制度保障。

制度建设重在构建科学的制度体系，要注重在各个领域的制度之间形成有机衔接、做好相互配套，发挥制度的整体功效，构建一个闭合的、关联的、科学的制度系统，使制度系统中各部分既各有分工、互不冲突，又相互联系、协调配合，共同发挥作用。

5. 坚持全面依法治国，在法治轨道上深化改革、推进中国式现代化，做到改革和法治相统一，重大改革于法有据、及时把改革成果上升为法律制度

习近平总书记指出，"一个现代化国家必然是法治国家"。党的二十大报告指出："全面依法治国是国家治理的一场深刻革命，关系党执政兴国，关系人民幸福安康，关系党和国家长治久安。必须更好发挥法治固根本、稳预期、利长远的保障作用，在法治轨道上全面建设社会主义现代化国家。"全面依法治国是改革的重要保障。

法治是中国式现代化的重要保障，是国家治理体系和治理能力的重要依托。在推进中国式现代化进程中只有同步推进法治建设，才能确保各方面制度系统集成、协同高效，实现制度体系和治理效能的衔接转化，增强国家治理体系的系统性、规范性、协调性，不断提高国家治理体系和治理能力现代化水平。

进一步全面深化改革必须坚持全面依法治国。运用法治思维和法治方式推进改革，发挥法治的引领和推动作用，做到重大改革于法有据，确保在法治轨道上推进改革。

6.坚持系统观念，处理好经济和社会、政府和市场、效率和公平、活力和秩序、发展和安全等重大关系，增强改革系统性、整体性、协同性

系统观念是马克思主义认识论和方法论的重要范畴，坚持系统观念是改革的重要思想方法和工作方法。

习近平总书记高度重视、多次强调系统观念的重要性。他指出，推进中国式现代化是一个系统工程，需要统筹兼顾、系统谋划、整体推进，正确处理好顶层设计与实践探索、战略与策略、守正与创新、效率与公平、活力与秩序、自立自强与对外开放等一系列重大关系。2019年9月9日，在中央全面深化改革委员会第十次会议上，他指出："落实党的十八届三中全会以来中央确定的各项改革任务，前期重点是夯基垒台、立柱架梁，中期重点在全面推进、积厚成势，现在要把着力点放到加强系统集成、协同高效上来，巩固和深化这些年来我们在解决体制性障碍、机制性梗阻、政策性创新方面取得的改革成

推进中国式现代化要处理好一系列重大关系

战略与策略的关系　　　　　活力与秩序的关系

正确处理好

顶层设计与
实践探索的
关系
守正与创新的
关系
效率与公平的
关系
自立自强与
对外开放的
关系

果，推动各方面制度更加成熟更加定型。"

党的二十大报告指出，必须坚持系统观念。要善于通过历史看现实、透过现象看本质，把握好全局和局部、当前和长远、宏观和微观、主要矛盾和次要矛盾、特殊和一般的关系，不断提高战略思维、历史思维、辩证思维、系统思维、创新思维、法治思维、底线思维能力，为前瞻性思考、全局性谋划、整体性推进党和国家各项事业提供科学思想方法。

一是处理好经济和社会的关系。经济发展是社会建设的基础和前提，改善民生是经济发展的目的和动力。只有将两者有机结合起来、实现良性循环，全面深化改革才能在高质量发展之路上行稳致远。

二是处理好政府和市场的关系。党的十八届三中全会提出了"使市场在资源配置中起决定性作用和更好发挥政府作用"的重大论断，习近平总书记围绕政府和市场的关系多次作出重要论述，强调要用

进一步全面深化改革必须坚持系统观念要处理好的重大关系

1 处理好经济和社会的关系

2 处理好政府和市场的关系

3 处理好效率和公平的关系

4 处理好活力和秩序的关系

5 处理好发展和安全的关系

好"看不见的手"和"看得见的手"，促进市场作用和政府作用的有机统一、相互促进。要持续优化劳动、资本、土地、知识、技术、管理、数据等生产要素配置，着力提高全要素生产率，加快建设高效规范、公平竞争、充分开放的全国统一大市场和市场制度规则，促进商品要素资源在更大范围内畅通流动。同时，科学的宏观调控、有效的政府治理，是发挥社会主义市场经济体制优势的内在要求，政府的职责和作用主要是保持宏观经济稳定，加强和优化公共服务，保障公平竞争，加强市场监管，维护市场秩序，推动可持续发展，促进共同富裕，弥补市场失灵。

三是处理好效率和公平的关系。中国式现代化既要创造比资本主义更高的效率，又要更有效地维护社会公平，更好实现效率与公平相兼顾、相促进、相统一。要做到既把"蛋糕"做大做好、以效率支撑公平，又把"蛋糕"切好分好、以公平促进效率。在做大"蛋糕"的同时分好"蛋糕"，是我们党带领人民推进中国式现代化的一条重要经验。

四是处理好活力和秩序的关系。习近平总书记深刻指出："社会治理是一门科学，管得太死，一潭死水不行；管得太松，波涛汹涌也不行。"健康、良好的社会秩序是社会焕发活力的前提和保障，社会活力的奔涌则会进一步促进社会秩序的提升。以中国式现代化全面推进中华民族伟大复兴，既要以安定有序赢得长远，也要以旺盛活力提供动力。

五是处理好发展和安全的关系。习近平总书记指出："统筹发展和安全，增强忧患意识，做到居安思危，是我们党治国理政的一个重大原则。"统筹发展和安全，是我们党针对我国自身发展面临的不确定不稳定因素和严峻复杂的国际安全形势作出的战略选择，是统筹中华民族伟大复兴战略全局和世界百年未有之大变局的重要支点，是贯彻总体国家安全观的必然要求。实现高质量发展和高水平安全相互支

统筹发展和安全

- 是我们党针对我国自身发展面临的不确定不稳定因素和严峻复杂的国际安全形势作出的战略选择
- 是统筹中华民族伟大复兴战略全局和世界百年未有之大变局的重要支点
- 是贯彻总体国家安全观的必然要求

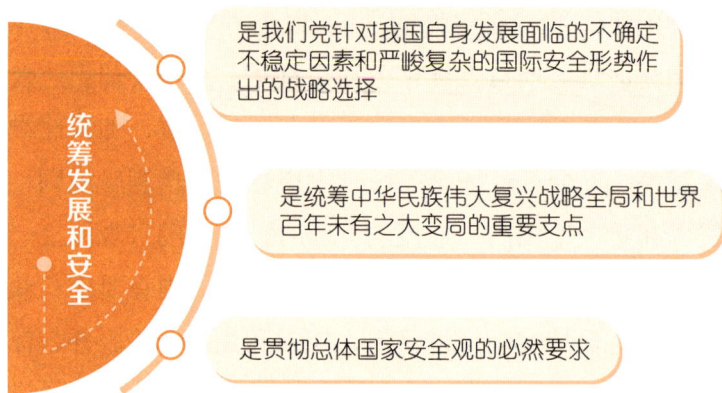

撑、相互促进，是贯彻新发展理念的具体体现，是进一步全面深化改革、推进国家治理体系和治理能力现代化的重要方面。安全是发展的前提，发展是安全的保障，安全和发展犹如鸟之两翼、车之两轮，任何时候都不能偏废。

第二讲

构建高水平社会主义市场经济体制

一　坚持和落实"两个毫不动摇"

二　构建全国统一大市场

三　完善市场经济基础制度

《决定》指出：高水平社会主义市场经济体制是中国式现代化的重要保障。必须更好发挥市场机制作用，创造更加公平、更有活力的市场环境，实现资源配置效率最优化和效益最大化，既"放得活"又"管得住"，更好维护市场秩序、弥补市场失灵，畅通国民经济循环，激发全社会内生动力和创新活力。

社会主义市场经济体制是中国特色社会主义的重大理论和实践创新，是改革开放取得的重大成果，丰富和发展了社会主义基本经济制度，极大地解放和发展了社会生产力。党的二十大报告着眼新时代全面建设社会主义现代化国家的历史任务，提出了构建高水平社会主义市场经济体制的新任务。

构建高水平社会主义市场经济体制要进一步实现市场在资源配置中的决定性作用，让价值规律、竞争和供求规律等市场机制在资源配置中起决定性作用，进一步解除对生产力发展的束缚，让一切劳动、资本、土地、知识、技术、管理、数据等生产要素的活力竞相迸发，进一步解放和发展社会生产力，进一步解放和增强社会活力，为中国式现代化提供坚实物质基础。同时，也要更好发挥政府作用，其目的不是弱化或取代市场作用，而是弥补市场失灵，并为市场有效配置资源和经济有序运行创造良好环境，防止收入和财富分配差距过大，促进共同富裕、维护社会稳定和公平正义。

一、坚持和落实"两个毫不动摇"

《决定》指出：毫不动摇巩固和发展公有制经济，毫不动摇鼓励、支持、引导非公有制经济发展，保证各种所有制经济依法平等使用生产要素、公平参与市场竞争、同等受到法律保护，促进各种所有制经济优势互补、共同发展。

党的十六大首次提出"两个毫不动摇"，党的十九大把"两个毫不动摇"写入新时代坚持和发展中国特色社会主义的基本方略，党的二十大报告又对此作了重申。公有制经济和非公有制经济都是社会主义市场经济的重要组成部分，新时代必须坚持和落实"两个毫不动摇"，推动公有制经济和非公有制经济各展所长、相互促进、共同发展。任何想把公有制经济和非公有制经济对立起来、把"两个毫不动摇"割裂开来的观点都是错误的，既不符合最广大人民根本利益，也不符合我国改革发展要求。只有坚持和落实好"两个毫不动摇"，才

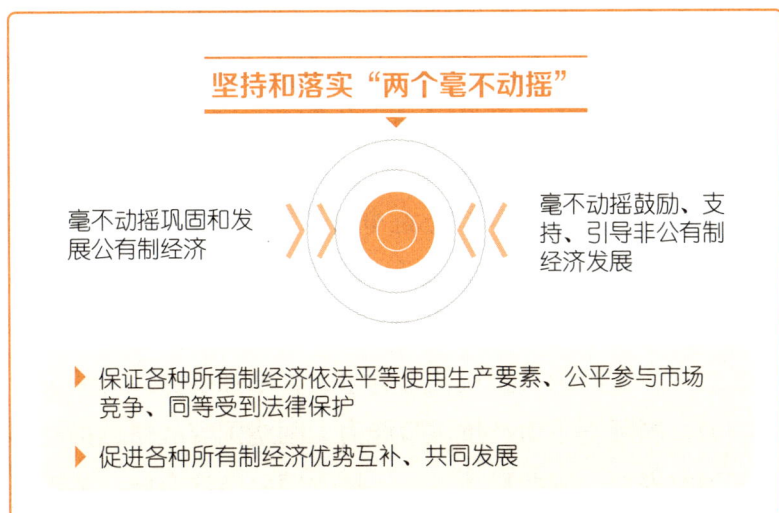

坚持和落实"两个毫不动摇"

毫不动摇巩固和发展公有制经济

毫不动摇鼓励、支持、引导非公有制经济发展

▶ 保证各种所有制经济依法平等使用生产要素、公平参与市场竞争、同等受到法律保护

▶ 促进各种所有制经济优势互补、共同发展

能不断增强我国基本经济制度的显著优势，不断解放和发展社会生产力。

1. 深化国资国企改革

《决定》指出：深化国资国企改革，完善管理监督体制机制，增强各有关管理部门战略协同，推进国有经济布局优化和结构调整，推动国有资本和国有企业做强做优做大，增强核心功能，提升核心竞争力。进一步明晰不同类型国有企业功能定位，完善主责主业管理，明确国有资本重点投资领域和方向。推动国有资本向关系国家安全、国民经济命脉的重要行业和关键领域集中，向关系国计民生的公共服务、应急能力、公益性领域等集中，向前瞻性战略性新兴产业集中。健全国有企业推进原始创新制度安排。深化国有资本投资、运营公司改革。建立国有企业履行战略使命评价制度，完善国有企业分类考核评价体系，开展国有经济增加值核算。推进能源、铁路、电信、水利、公用事业等行业自然垄断环节独立运营和竞争性环节市场化改革，健全监管体制机制。

国有经济布局优化和结构调整是纵深推进国资国企改革、做强做优做大国有资本和国有企业的内在要求，是增强国有经济战略使命功能、充分发挥国有经济在国民经济中主导作用的重要途径，关系公有制经济主体地位的巩固，关系中国特色社会主义制度，关系党和国家事业发展。

以增强核心功能、提高核心竞争力为重点，聚焦发展实体经济，突出主业，做强主业，加快横向联合、纵向整合和专业化重构，加快国有经济布局优化、结构调整和战略性重组、专业化整合，提高国有资本配置效率。提高国有企业核心竞争力，增强国有经济活力、控制力、影响力、国际竞争力、抗风险能力。围绕国家战略，推动国有资本向保障国家安全、支持科技进步、控制国民经济命脉、关系国计民生提供公共服务的重大战略领域、重点基础设施集中，增强重大基础设施安全保障能力、重点能源资源安全保障能力和重要产业链供应链安全保障能力，在关系国家安全的重要行业和关键领域随时准备发挥好兜底保障作用。

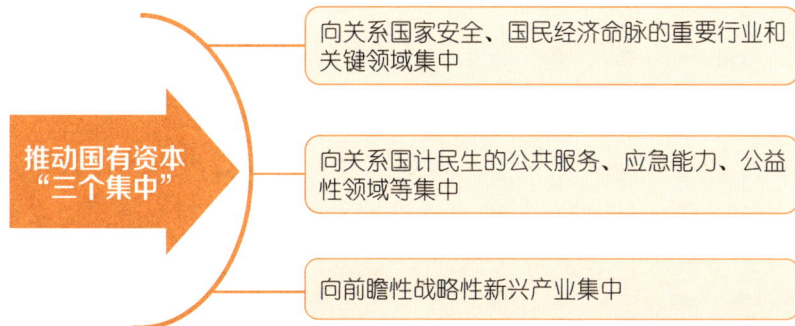

推动国有资本"三个集中"

- 向关系国家安全、国民经济命脉的重要行业和关键领域集中
- 向关系国计民生的公共服务、应急能力、公益性领域等集中
- 向前瞻性战略性新兴产业集中

加强创新引领和科技攻关，强化国有经济在国家创新体系中的使命和地位，国有企业要在关键核心技术攻关上勇挑重担，加快调整优化科研力量布局，构建上下游紧密合作的创新联合体，加快创新成果向现实生产力转化。加大对战略性支柱产业主导权控制，提升全球产业分工话语权，提高全球价值链掌控力。

完善国有企业主责主业管理，完善国有企业考核评价体系。进一步明晰不同类型国有企业功能定位，加快建立科学、客观、可量化的考核评价机制。进一步推进国有企业分类核算、分类考核改革工作，开展国有经济增加值核算，科学测算国有企业承担国家战略使命和履行社会责任的成本支持，客观科学评价国有经济的贡献度。

以国有资产保值增值、防止流失为目标，加快形成全面覆盖、协同配合、专责专业、权威高效的国有资产监督体系。以党内监督为主导，加强出资人监督与巡视、审计、纪检监察等监督的贯通协同，形成监督合力，加强对企业关键业务、改革重点领域、国有资本运营重要环节的监督。

王宏志（国务院国有资产监督管理委员会党委委员、副主任）：下一步，我们将聚焦提升"五个价值"，推动国有企业进一步履行好功能使命。分别是：提升增加值，提高国有企业对国内生产总值的总体贡献，开展国有经济增加值核算；提升功能价值，推动建立国有企业履行战略使命评价制度，更加科学地衡量企业的经营效率和综合贡献；提升经济增加值，强化"先算再投"的意识和习惯，优化国有资本投向和布局，增强价值创造能力；提升战略性新兴产业收入和增加值占比，加快转向创新驱动的内涵式增长；提升品牌价值，培育更多质量卓越、优势明显、拥有自主知识产权的央企品牌，擦亮中央企业的金字招牌。

2. 促进非公有制经济发展

《决定》指出：坚持致力于为非公有制经济发展营造良好环境和提供更多机会的方针政策。制定民营经济促进法。深入破除市场准入壁垒，推进基础设施竞争性领域向经营主体公平开放，完善民营企业参与国家重大项目建设长效机制。支持有能力的民营企业牵头承担国家重大技术攻关任务，向民营企业进一步开放国家重大科研基础设施。完善民营企业融资支持政策制度，破解融资难、融资贵问题。健全涉企收费长效监管和拖欠企业账款清偿法律法规体系。加快建立民营企业信用状况综合评价体系，健全民营中小企业增信制度。支持引导民营企业完善治理结构和管理制度，加强企业合规建设和廉洁风险防控。加强事中事后监管，规范涉民营企业行政检查。

非公有制经济是我国经济社会健康发展的重要力量，民营经济对经济发展、劳动就业、财政税收、科技创新等都具有重要贡献。完善产权保护、市场准入、融资支持、社会信用、要素保护等市场经济基础制度，营造稳定、公平、透明和可预期的营商环境，为民营企业发展开辟更多空间。优化公平竞争的市场环境，坚持权利平等、机会平等、规则平等，进一步放宽市场准入、完善市场准入体系，深入破除市场准入壁垒，从制度和法律上使民营企业享受同等待遇，保证各种所有制经济依法平等使用生产要素、公开公平公正参与市场竞争、同等受到法律保护、共同履行社会责任。从政策和舆论上鼓励支持民营经济和民营企业发展壮大，提振市场信心。支持引导民营企业完善治理结构和管理制度，持续构建亲清政商关系，完善多层次的沟通交流机制。

3. 完善现代企业制度

《决定》指出：完善中国特色现代企业制度，弘扬企业家精神，支持和引导各类企业提高资源要素利用效率和经营管理水平、履行社会责任，加快建设更多世界一流企业。

中国特色现代企业制度是社会主义市场经济体制的重要内容，完善中国特色现代企业制度是我国企业改革发展的重要方向。着眼于发挥中国特色社会主义制度优势，完善中国特色现代企业制度，加强党的领导，完善公司治理，按照企业规模、发展阶段、所有制性质等，分类施策、加强引导，推动企业建立健全产权清晰、权责明确、政企分开、管理科学的现代企业制度。对国有企业，要加强党对国有企业的全面领导，完善党领导国有企业的制度机制，完善现代公司治理结构。对民营企业，要鼓励有条件的民营企业建立现代企业制度，完善治理结构、规范股东行为、强化内部监督、健全风险机制，注重发挥党建引领作用，提升内部管理水平。

加快培育具有全球视野的企业家，鼓励和引导企业家追求卓越、敢闯敢试，心无旁骛做实业、兴产业，专注产品质量、企业信誉，推动组织创新、技术创新、市场创新。大力弘扬企业家精神，鼓励企业家增强爱国情怀、践行社会责任，把企业发展和国家繁荣、民族兴盛、人民幸福紧密联系在一起，建设更多具有全球竞争力的世界一流企业，做爱国敬业、回报社会的典范。

二、构建全国统一大市场

1. 促进市场公平

《决定》指出：推动市场基础制度规则统一、市场监管公平统一、市场设施高标准联通。加强公平竞争审查刚性约束，强化反垄断和反不正当竞争，清理和废除妨碍全国统一市场和公平竞争的各种规定和做法。规范地方招商引资法规制度，严禁违法违规给予政策优惠行为。建立健全统一规范、信息共享的招标投标和政府、事业单位、国有企业采购等公共资源交易平台体系，实现项目全流程公开管理。提升市场综合监管能力和水平。健全国家标准体系，深化地方标准管理

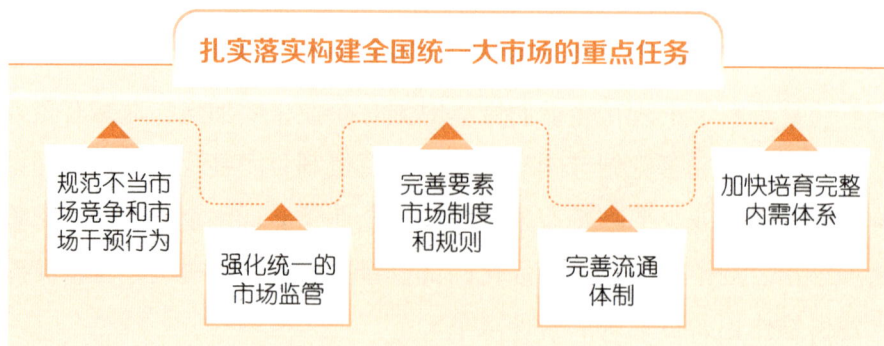

扎实落实构建全国统一大市场的重点任务

规范不当市场竞争和市场干预行为

强化统一的市场监管

完善要素市场制度和规则

完善流通体制

加快培育完整内需体系

制度改革。

坚持平等准入、公正监管、开放有序、诚信守法，在全国范围实行统一的市场准入制度、公平竞争制度、社会信用制度，统一市场监管规则，强化市场监管执法，建设高标准市场体系，着力消除市场壁垒，实现市场准入畅通、市场开放有序、市场竞争充分、市场秩序规范。

加快健全市场准入制度、公平竞争审查机制、数字经济公平竞争监管制度、预防和制止滥用行政权力排除限制竞争制度等。加大在市场准入、产业发展、招商引资、招标投标、政府采购、经营行为规范、资质标准等领域的公平竞争审查，健全公平竞争制度监督实施机制，增强刚性约束，防止排除、限制市场竞争，引导全社会形成崇尚、保护和促进公平竞争的市场环境。完善反垄断体制机制，充实反垄断监管力量。

完善对招商引资行为的监督与约束机制，引导地方政府在重视数量的同时更要关注质量、重视实绩。"规范地方招商引资法规制度，严禁违法违规给予政策优惠行为。"这是党中央对推进构建全国统一大市场作出的重大部署，是在准确认识我国经济发展阶段性特征、深刻把握市场规律基础上，从全局高度作出的重大决策。

完善招标投标制度体系，创新招标投标制度设计，纵深推进数字化转型升级，加快实现全流程全链条监管。加强公共资源交易平台网络体系建设，深入推进公共资源交易市场化改革，不断完善分类统一的交易制度规则、技术标准和数据规范，促进平台互联互通和信息充分共享，全面推行公共资源交易全流程电子化，实现信息资源共享。

提升市场综合监管能力和水平，加快完善与建设国内统一市场、构建与新发展格局相适应的现代化市场监管体系，健全完善行业准营规则，加快推行数字监管、智慧监管、信用监管，加大执法力度，提高监管效能，更好促进市场主体健康稳定发展。

精简优化政府标准体系、提高市场标准有效供给、提升标准国际化水平，以标准体系建设助推高质量发展。

2. 完善要素市场制度和规则

《决定》指出：完善要素市场制度和规则，推动生产要素畅通流动、各类资源高效配置、市场潜力充分释放。构建城乡统一的建设用地市场。完善促进资本市场规范发展基础制度。培育全国一体化技术和数据市场。完善主要由市场供求关系决定要素价格机制，防止政府对价格形成的不当干预。健全劳动、资本、土地、知识、技术、管理、数据等生产要素由市场评价贡献、按贡献决定报酬的机制。推进水、能源、交通等领域价格改革，优化居民阶梯水价、电价、气价制度，完善成品油定价机制。

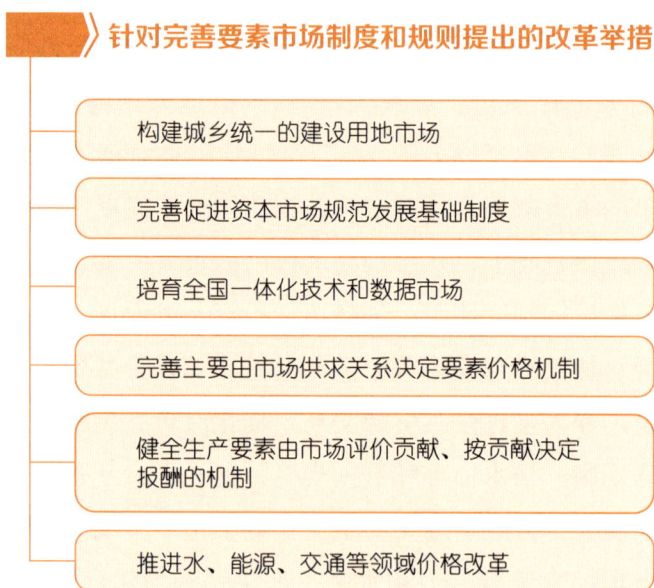

> **针对完善要素市场制度和规则提出的改革举措**
>
> - 构建城乡统一的建设用地市场
> - 完善促进资本市场规范发展基础制度
> - 培育全国一体化技术和数据市场
> - 完善主要由市场供求关系决定要素价格机制
> - 健全生产要素由市场评价贡献、按贡献决定报酬的机制
> - 推进水、能源、交通等领域价格改革

党的十八大以来，党中央对构建更加完善的要素市场化配置体制机制作出总体部署，明确劳动、资本、土地、知识、技术、管理、数

据等生产要素市场化改革的目标方向和任务举措。破除阻碍要素自由流动的体制机制障碍，扩大要素市场化配置范围，促进要素自主有序流动，提高要素配置效率，进一步激发全社会创造力和市场活力，实现要素价格市场决定、流动自主有序、配置高效公平。

土地要素供应方式不断丰富，构建城乡统一的建设用地市场，加快推广农村集体经营性建设用地出让、租赁、入股，实行与国有土地同等入市、同权同价。加快建设同权同价、流转顺畅、收益共享的农村集体经营性建设用地入市制度和依法公平取得、节约集约使用、自愿有偿退出的宅基地制度。

完善多层次资本市场体系，提升服务覆盖面和精准度，增强制度适应性、包容性，壮大耐心资本。进一步全面深化资本市场改革开放，深入研究完善发行上市、并购重组、私募创投等制度安排，增强资本市场制度竞争力。

加快发展技术市场，深化科技成果使用权、处置权和收益权改革，完善科技创新资源配置方式，积极探索通过天使投资、创业投资、知识产权证券化、科技保险等方式推动科技成果资本化。

加快培育数据要素市场，加快推动各地区各部门间数据共享交换，提升社会数据资源价值，探索建立统一规范的数据管理制度，制定数据隐私保护制度和安全审查制度。

健全要素市场运行机制，完善主要由市场供求关系决定要素的价格机制，引导市场主体依法合理行使要素定价自主权，健全生产要素由市场评价贡献、按贡献决定报酬的机制，着重保护劳动所得，充分体现知识、技术、管理、数据等要素价值。

更好地统筹居民用能价格的民生性和能源的商品属性，促进水价、电价、气价制度的合理化。更精准地识别民生性基础保障用能部分，民生保障性用能保持价格的稳定性和用能的可获得性，民生保障之外的居民用能价格则更好地体现成本和稀缺性，力求达到一个更加公平、高效、灵活的居民用能价格体系。

3. 完善流通体制

《决定》指出：完善流通体制，加快发展物联网，健全一体衔接的流通规则和标准，降低全社会物流成本。深化能源管理体制改革，建设全国统一电力市场，优化油气管网运行调度机制。

优化货物运输结构，大力发展多式联运，深化综合交通运输体系改革、商贸流通体制改革，补齐大宗商品物流、冷链物流、农村物流等领域短板。推动物流数字化发展、绿色化转型，促进自动化、无人化、智慧化物流技术和装备推广应用，加快人工智能、物联网、区块链等新一代信息技术在物流领域的广泛应用，建设高效顺畅的流通体系，降低物流成本。

完善流通体制，打好"软硬"组合拳：健全一体衔接的流通规则和标准，提升治理水平；健全现代流通网络，促进供需衔接；完善流通基础设施，降低全社会物流成本。

深化能源管理体制改革，完善国家能源管理体制和决策机制，强化能源发展的总体规划和宏观调控，完善能源定价机制，优化能源投资调控体系，促进能源资源高效配置，全面推进能源消费方式改革，加快建立清洁低碳、安全高效的能源体制。

4. 加快培育完整内需体系

《决定》指出：加快培育完整内需体系，建立政府投资支持基础性、公益性、长远性重大项目建设长效机制，健全政府投资有效带动社会投资体制机制，深化投资审批制度改革，完善激发社会资本投资活力和促进投资落地机制，形成市场主导的有效投资内生增长机制。完善扩大消费长效机制，减少限制性措施，合理增加公共消费，积极推进首发经济。

内需是经济发展的基本动力，也是满足人民日益增长的美好生活需要的必然要求。加快培育完整内需体系，有利于加快构建新发展格局，推动经济长期健康发展；有利于防范化解内外部风险挑战，培育新形势下我国参与国际经济合作和竞争新优势。

健全投资体制机制，促进政府投资方向和结构的优化，使政府投资聚焦社会公益服务、公共基础设施、农业农村、生态环境保护、重大科技进步、社会管理、国家安全等领域，更好发挥政府投资在稳增长、促改革、调结构、惠民生、防风险、保稳定以及补齐发展短板、优化供给结构、增强发展后劲等方面的关键作用，提升投资效率，提高投资产出比。健全合理扩大有效投资的激励与约束机制，增强经营主体内生动力与活力，形成市场主导、需求导向、创新驱动的投资内生增长机制。

建立和完善扩大居民消费的长效机制，形成消费可持续增长的动力机制，不断提升、优化商品和服务供给的质量与结构，使居民有稳

🔍 知识链接

什么是首发经济?

首发经济是指企业发布新产品，推出新业态、新模式、新服务、新技术，开设首店等经济活动的总称，涵盖了企业从产品或服务的首次发布、首次展出到首次落地开设门店、首次设立研发中心，再到设立企业总部的链式发展全过程。首发经济具有时尚、品质、新潮等特征，是符合消费升级趋势和高质量发展要求的一种经济形态，是一个地区商业活力、消费实力、创新能力、国际竞争力、品牌形象和开放度的重要体现。

定收入能消费、没有后顾之忧敢消费、消费环境优获得感强愿消费，更好发挥消费对经济循环的牵引带动作用。

三、完善市场经济基础制度

1. 完善产权制度

《决定》指出：完善产权制度，依法平等长久保护各种所有制经济产权，建立高效的知识产权综合管理体制。完善市场信息披露制度，构建商业秘密保护制度。对侵犯各种所有制经济产权和合法利益的行为实行同责同罪同罚，完善惩罚性赔偿制度。加强产权执法司法保护，防止和纠正利用行政、刑事手段干预经济纠纷，健全依法甄别纠正涉企冤错案件机制。

完善归属清晰、权责明确、保护严格、流转顺畅的现代产权制度，更好体现公平原则，加强对各种所有制经济组织和自然人财产权的保护，完善平等保护产权的法律制度。

加强对知识产权创造、运用、交易、保护等一系列活动的制度供给和保障，健全行政确权、行政执法、司法保护、仲裁调解、行业自律、公民诚信等环节的衔接机制，做好知识产权的源头保护、协同保护等工作，加快建立知识产权侵权惩罚性赔偿制度，加强企业商业秘密保护，为创新活动营造良好的发展环境。

完善惩罚性赔偿制度，提高违法成本，有效震慑恶意侵权的不法行为。加强产权执法司法保护，加大公权力对私有产权的保护力度，防止司法不公、不规范行为对企业和个人产权的侵害。

2. 完善市场准入制度

《决定》指出：完善市场准入制度，优化新业态新领域市场准入环境。深化注册资本认缴登记制度改革，实行依法按期认缴。健全企业破产机制，探索建立个人破产制度，推进企业注销配套改革，完善企业退出制度。健全社会信用体系和监管制度。

针对完善市场准入制度提出的改革举措

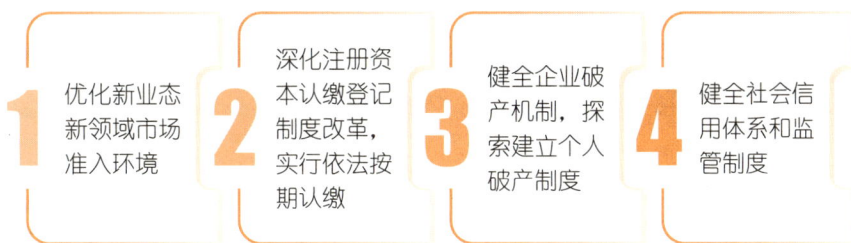

1 优化新业态新领域市场准入环境

2 深化注册资本认缴登记制度改革，实行依法按期认缴

3 健全企业破产机制，探索建立个人破产制度

4 健全社会信用体系和监管制度

市场准入制度是市场经济基础制度之一，是推动有效市场和有为政府更好结合的关键。完善市场准入制度，优化新业态新领域市场准入环境，要强化宏观统筹协调，持续健全市场准入制度体系，推动市场准入框架更加完备。

完善市场准入负面清单制度，坚持对各类市场主体一视同仁、平等对待，制定全国统一的市场准入效能评估指标体系，持续优化公平便捷的市场准入环境，以更开放包容的态度对待新业态新领域的市场准入，提高新兴领域的治理水平。加强市场准入制度落实和监督管理，加强准入效能评估。完善认缴登记制度，避免股东认缴期限过长导致损害债权人利益等情况，维护资本充实和交易安全。

完善企业破产司法制度和政策体系，优化破产工作协调机制，因企施策开展破产重组，稳妥处置企业破产风险，完善破产审判体制，提高破产审判专业化水平。探索建立个人破产制度，让依法经营、诚实守信的债务人有从头再来、重归市场的机会。

健全完善的社会信用体系，健全相关法律法规和标准体系，强化市场信用约束，加强诚信文化建设，扎实推进信用理念、信用制度、信用手段与国民经济体系各方面各环节深度融合，构建以信用为基础的新型监管机制，进一步发挥信用对提高资源配置效率、降低制度性交易成本、防范化解风险的重要作用，在全社会倡导和培养诚实守信价值取向和行为规范。

🔍 知识链接

如何全面实施市场准入负面清单制度？

《中共中央、国务院关于新时代加快完善社会主义市场经济体制的意见》对全面实施市场准入负面清单制度作出了具体安排：推行"全国一张清单"管理模式，维护清单的统一性和权威性。建立市场准入负面清单动态调整机制和第三方评估机制，以服务业为重点试点进一步放宽准入限制。建立统一的清单代码体系，使清单事项与行政审批体系紧密衔接、相互匹配。建立市场准入负面清单信息公开机制，提升准入政策透明度和负面清单使用便捷性。建立市场准入评估制度，定期评估、排查、清理各类显性和隐性壁垒，推动"非禁即入"普遍落实。改革生产许可制度。

第三讲

健全推动经济高质量发展体制机制

一　健全因地制宜发展新质生产力体制机制

二　健全促进实体经济和数字经济深度融合制度

三　完善发展服务业体制机制

四　健全现代化基础设施建设体制机制

五　健全提升产业链供应链韧性和安全水平制度

《决定》指出：高质量发展是全面建设社会主义现代化国家的首要任务。必须以新发展理念引领改革，立足新发展阶段，深化供给侧结构性改革，完善推动高质量发展激励约束机制，塑造发展新动能新优势。

党的十九大报告首次提出，"我国经济已由高速增长阶段转向高质量发展阶段"。党的二十大报告进一步明确提出："高质量发展是全面建设社会主义现代化国家的首要任务。"高质量发展，就是能够很好满足人民日益增长的美好生活需要的发展，是体现新发展理念的发展，是创新成为第一动力、协调成为内生特点、绿色成为普遍形态、开放成为必由之路、共享成为根本目的的发展。推动高质量发展，是保持经济持续健康发展的必然要求，是适应我国社会主要矛盾变化和全面建成社会主义现代化强国的必然要求，是遵循经济规律发展的必然要求，为科学把握新时代我国经济发展的历史方位提供了根本遵循。

一、健全因地制宜发展新质生产力体制机制

1. 发展新质生产力

《决定》指出：推动技术革命性突破、生产要素创新性配置、产业深度转型升级，推动劳动者、劳动资料、劳动对象优化组合和更新

跃升，催生新产业、新模式、新动能，发展以高技术、高效能、高质量为特征的生产力。加强关键共性技术、前沿引领技术、现代工程技术、颠覆性技术创新，加强新领域新赛道制度供给，建立未来产业投入增长机制，完善推动新一代信息技术、人工智能、航空航天、新能源、新材料、高端装备、生物医药、量子科技等战略性产业发展政策和治理体系，引导新兴产业健康有序发展。以国家标准提升引领传统产业优化升级，支持企业用数智技术、绿色技术改造提升传统产业。强化环保、安全等制度约束。

新质生产力是在基础研究重大突破及原创性、颠覆性技术创新成果应用基础上产生的，是社会生产力的又一次解放。发展新质生产力是推动高质量发展的内在要求和重要着力点，是实施创新驱动发展战略、抢占未来发展制高点、构筑大国竞争优势的突破口，是推进中国式现代化的必然要求。新质生产力由技术革命性突破、生产要素创新性配置、产业深度转型升级而催生，以劳动者、劳动资料、劳动对象及其优化组合的跃升为基本内涵，以全要素生产率大幅提升为核心标志，以发展新产业、新模式、新动能的科技创新为核心要素，以高科技、高效能、高质量为特征。

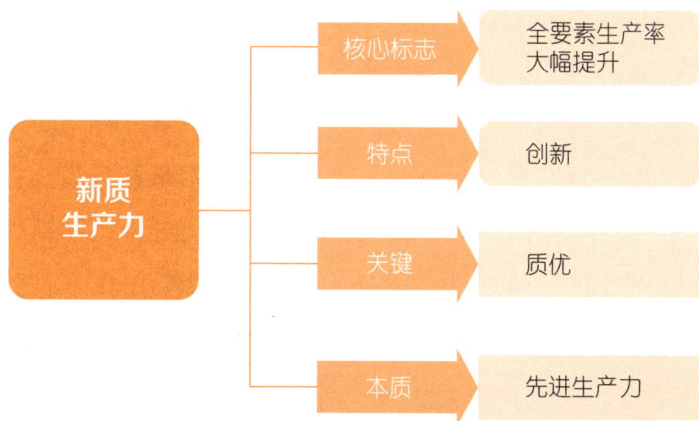

新质生产力
- 核心标志 → 全要素生产率大幅提升
- 特点 → 创新
- 关键 → 质优
- 本质 → 先进生产力

新质生产力以产业深度转型升级为表征，其中，战略性新兴产业和未来产业具有创新活跃、技术密集、价值高端、前景广阔等特点，是产业转型升级的重要方向。打好关键核心技术攻坚战，加强基础研究和原始创新，促进原创性、颠覆性科技创新成果竞相涌现，加快培育智能终端、绿色低碳、数据服务、数字创意、远程医疗等新领域新赛道，在类脑智能、量子信息、基因技术、未来网络、深海空天开发、氢能与储能等领域谋划布局未来产业，加快做大做强战略性产业，引导发展新兴产业。

加快传统产业转型升级，广泛应用数智技术、绿色技术改造提升传统产业，加快信息技术与传统产业深度融合，推动传统产业从中低端向中高端迈进，使其成为发展新质生产力的重要来源。

2. 形成新型生产关系

《决定》指出：健全相关规则和政策，加快形成同新质生产力更相适应的生产关系，促进各类先进生产要素向发展新质生产力集聚，大幅提升全要素生产率。鼓励和规范发展天使投资、风险投资、私募股权投资，更好发挥政府投资基金作用，发展耐心资本。

创新生产要素配置方式，对劳动者、劳动资料、劳动对象等生产要素进行更高效率的配置，打通束缚新质生产力发展的堵点卡点，让各类先进优质生产要素向发展新质生产力顺畅流动，加快形成同新质生产力更相适应的新型生产关系。

鼓励和规范发展天使投资、风险投资、私募股权投资，打造长期投资文化，支持长期资本、耐心资本更多地投向科技创新领域。优化政府引导基金的考核方式，采取"长周期""算总账"等考核方法，充分发挥政府投资基金对引导新兴产业发展、撬动社会资本投入的重要作用。

深阅读

　　新型生产关系是新质生产力发展的必然结果，最终还是要适应新质生产力的特点和要求，以实现极大地解放和发展生产力。形成适应新质生产力的新型生产关系，关键是要进一步深化经济体制改革、科技体制改革，着力解决束缚新质生产力发展的突出问题，加快形成高效的新型要素配置方式、新型生产组织方式，构建保障和促进新质生产力发展的新型体制机制。

　　（摘编自王琛伟：《新型生产关系的特点和形成路径》，《学术前沿》2024年第9期）

二、健全促进实体经济和数字经济深度融合制度

1. 加快推进新型工业化

　　《决定》指出：加快推进新型工业化，培育壮大先进制造业集群，推动制造业高端化、智能化、绿色化发展。建设一批行业共性技术平台，加快产业模式和企业组织形态变革，健全提升优势产业领先地位体制机制。优化重大产业基金运作和监管机制，确保资金投向符合国家战略要求。建立保持制造业合理比重投入机制，合理降低制造业综合成本和税费负担。

　　加快推进新型工业化，瞄准世界科技革命和产业变革方向，立足我国国情，锚定制造强国、质量强国、航天强国、网络强国、数字中国建设目标，以智能制造为主攻方向，推进信息化和工业化深度融

合，加快建设现代化工业体系，夯实新发展格局的产业基础。

实施产业基础再造和重大技术装备攻关工程，通过不断完善产业、创新、财政、金融、区域和公共服务等集群政策支持体系，推动制造业高端化、智能化、绿色化发展，提高先进制造业集群的国际竞争力。

平台经济是经济发展新动能新形态，是新质生产力的重要代表和载体。要大力发展设计、专利、品牌、物流、法律、金融等现代服务业。完善共性技术平台的供给体系，建设为产业提供共性技术开发、转移等服务的专业化平台，有效链接上游基础技术研发机构与下游企业用户，推动产学研一体化。加快以数字化为主要特征的产业模式变革和以平台化为主要特征的产业组织形态变革，促进数字技术与实体经济深度融合。巩固优势产业领先地位，增强全产业链优势，打造我国优势产业的"护城河"。

优化重大产业基金运作和监管机制，坚持市场化原则，建立健全风险防范机制，确保基金及其项目稳健运行。

建立保持制造业合理比重投入机制，强化要素保障，建立金融服务实体经济激励约束机制，激励金融机构增加制造业信贷规模，积极发展股权等直接融资工具。深化财税体制改革，优化税制结构，清理各种不合理收费，降低综合成本和税费负担。

2. 加快发展数字经济

《决定》指出：加快构建促进数字经济发展体制机制，完善促进数字产业化和产业数字化政策体系。加快新一代信息技术全方位全链条普及应用，发展工业互联网，打造具有国际竞争力的数字产业集群。促进平台经济创新发展，健全平台经济常态化监管制度。建设和运营国家数据基础设施，促进数据共享。加快建立数据产权归属认定、市场交易、权益分配、利益保护制度，提升数据安全治理监管能力，建立高效便利安全的数据跨境流动机制。

加强我国数字经济发展顶层设计和体制机制建设，健全法律法规和政策制度，提高我国数字经济治理体系和治理能力现代化水平，完善促进产业数字化和数字产业化政策体系。

推动新一代信息技术与能源、材料、生物、空间技术等加速融合，以信息化培育新动能，驱动全领域技术变革、产业变革，引导要素资源重组、经济结构重塑。发展工业互联网，实现工业互联网与传统产业相结合，构建高效低耗智能生产体系、资源共享协同制造体系、敏捷柔性产业链供应链体系，推动研产供销过程向网络化、智能化迈进。充分发挥数字产业的赋能优势，促进数字经济和实体经济深度融合，加快打造一批具有全球资源配置力、世界经济影响力的数字产业集群，构筑数字产业竞争新优势。

遵循数字经济和平台经济发展规律，改革创新监管理念、监管体系、监管模式，系统谋划、综合施策，着力打造鼓励创新包容创新的制度环境，维护市场秩序，鼓励创新创造，持续提升平台经济领域监管法治化水平，提升监管体系的稳定性和可预期性。强化平台经济反垄断和反不正当竞争，维护消费者、平台从业人员等正当利益，完善常态化跨部门跨区域监管协同机制。

加快国家数据基础设施建设，强化信息资源深度整合，打通经济社会发展的信息"大动脉"，夯实数字经济发展底座。推动数据资源共享，打通不同部门和系统的壁垒，促进数据流转，形成覆盖广泛的大数据资源，为大数据分析应用奠定基础。

统筹推进构建数据产权认定、流通交易、收益分配、安全治理等领域的数据基础制度体系。提升数据安全治理监管能力，加强关键信息基础设施安全保护和国家关键数据资源保护，增强数据安全预警和溯源能力，保障国家数据安全。

在保障国家数据安全的前提下，扩大高水平对外开放，深化数字经济国际合作，便利数据跨境流动，降低企业合规成本，充分释放数据要素价值。

三、完善发展服务业体制机制

《决定》指出：完善支持服务业发展政策体系，优化服务业核算，推进服务业标准化建设。聚焦重点环节分领域推进生产性服务业高质量发展，发展产业互联网平台，破除跨地区经营行政壁垒，推进生产性服务业融合发展。健全加快生活性服务业多样化发展机制。完善中介服务机构法规制度体系，促进中介服务机构诚实守信、依法履责。

完善支持服务业发展政策体系，提高服务供给对需求升级的适配性，推动现代服务业高质量发展。推进服务业标准化、品牌化建设，重点加强食品冷链、现代物流、电子商务、物品编码、批发零售、房地产服务等领域标准化，加快先进制造业和现代服务业融合发展标准化建设，推行跨行业跨领域综合标准化。

推动生产性服务业向专业化和价值链高端延伸，更好服务制造业高质量发展。发展产业互联网平台，促进新一代信息技术与制造业深度融合，通过对人、机、物全面互联，构建全要素、全产业链、全价值链连接的新型生产制造和服务体系。推进生产性服务业融合发展，实现先进制造业和现代服务业"两业融合"，探索具有区域特色和行业特点的融合发展新路径。

加快发展增进人民福祉、能够满足人民日益增长的美好生活需要的生活性服务业，创新政策支持，积极培育生活性服务业新业态新模式，全面提升生活性服务业质量和效益。

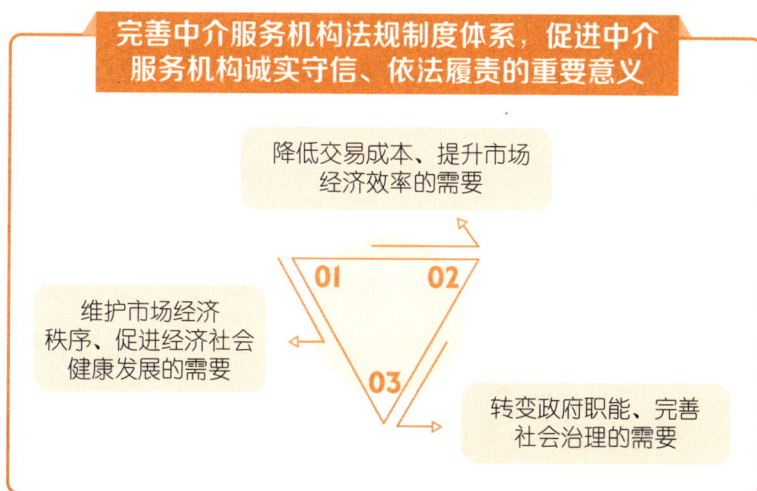

完善中介服务机构法规制度体系，促进中介服务机构诚实守信、依法履责的重要意义

降低交易成本、提升市场经济效率的需要

维护市场经济秩序、促进经济社会健康发展的需要

转变政府职能、完善社会治理的需要

完善中介服务机构法规制度体系，完善各行业中介服务机构管理制度，建立健全行业规范和标准，强化行业自律和日常监督，增强中介服务机构及其从业人员的服务意识、社会责任意识和守法意识，营造专业为本、信誉为重、责任至上、质量制胜的行业生态，塑造行业公信力。

四、健全现代化基础设施建设体制机制

《决定》指出：构建新型基础设施规划和标准体系，健全新型基础设施融合利用机制，推进传统基础设施数字化改造，拓宽多元化投融资渠道，健全重大基础设施建设协调机制。深化综合交通运输体系改革，推进铁路体制改革，发展通用航空和低空经济，推动收费公路政策优化。提高航运保险承保能力和全球服务水平，推进海事仲裁制度规则创新。健全重大水利工程建设、运行、管理机制。

建设提供数字转型、智能升级、融合创新等服务的新型基础设施，加强顶层设计，健全制度规则，构建国家标准、行业标准等标准体系，加强同传统基础设施标准的衔接融合，强化区域、行业协同，优化新型基础设施的布局、结构、功能和发展模式，推进传统基础设施数字化改造、智能化运营。促进新型基础设施投资、建设和运营主体多元化，确保新型基础设施投资、建设、运营的可持续性。健全重大基础设施建设协调机制，统筹协调各领域、各地区基础设施规划和建设，强化用地、用海、用能等资源要素保障。

深化综合交通运输体系改革，构建安全、便捷、高效、绿色、经济的现代综合交通运输体系。推进铁路体制改革，加大通用航空在城市空运、物流配送、应急救援等领域的商业应用，发展包括研发制造、消费运营、基础设施、综合保障在内的低空经济产业链，推进收

费公路制度和管理服务创新，探索建立收费标准动态调整机制。

提高航运保险承保能力和全球服务水平，支持航运保险机构加强全球服务网络建设，不断提升海外理赔、防损等服务能力。完善海事纠纷解决机制设计，统筹推进国际海事司法中心建设和国际仲裁中心建设，积极营造仲裁友好型环境，提升仲裁市场的开放力度和开放水平。

健全重大水利工程建设、运行、管理机制，按照市场化、法治化原则，深化工程投融资体制机制改革，落实水价标准和收费制度，建立合理回报机制，扩大股权和债权融资规模。

五、健全提升产业链供应链韧性和安全水平制度

《决定》指出：抓紧打造自主可控的产业链供应链，健全强化集成电路、工业母机、医疗装备、仪器仪表、基础软件、工业软件、先进材料等重点产业链发展体制机制，全链条推进技术攻关、成果应用。建立产业链供应链安全风险评估和应对机制。完善产业在国内梯度有序转移的协作机制，推动转出地和承接地利益共享。建设国家战略腹地和关键产业备份。加快完善国家储备体系。完善战略性矿产资源探产供储销统筹和衔接体系。

健全强化重点产业链发展体制机制，加快产业链补短板，统筹推进关键核心技术攻关工程、产业基础再造工程、重大技术装备攻关工程，加快技术突破和成果应用，提升重点产业链供应链自主可控能力。全链条推进技术攻关、成果应用、生态共建，发挥社会主义市场经济条件下新型举国体制优势，注重场景牵引，强化政策支撑，提升共性技术供给。

健全强化重点产业链发展体制机制

集成电路 → 工业母机 → 医疗装备 → 仪器仪表 → 基础软件 → 工业软件 → 先进材料 → ……

建立产业链供应链安全风险评估和应对机制，梳理产业链基础薄弱的环节、技术和产品，提升产业链供应链安全预警能力，完善解决产业链供应链卡点、断点、堵点问题的应对机制。

完善产业在国内梯度有序转移的协作机制，推进产业链上下游对接合作模式，创新区域间产业转移合作模式，鼓励产业转出地和承接地建立产值、收益、用地等指标的分享机制。

建设战略性产业基地、战略性物资储备基地、战略性基础设施等国家战略腹地，建设涉及关键设备、关键零部件、关键材料等的关键产业备份。

完善国家战略物资储备体系，系统梳理国家储备体系短板，找差距、强弱项，提升储备效能。

加快推进新一轮找矿突破战略行动，突出紧缺战略性矿产，提升战略性矿产资源长远保障能力。健全石油、天然气、煤炭、电力等能源产供储销体系，完善石油、天然气等重要能源资源储备动用机制，推进大宗商品储运基地布局规划建设，夯实粮食、能源、矿产品原材料等稳产保供能力。

第四讲

构建支持全面创新体制机制

一　深化教育综合改革

二　深化科技体制改革

三　深化人才发展体制机制改革

《决定》指出：教育、科技、人才是中国式现代化的基础性、战略性支撑。必须深入实施科教兴国战略、人才强国战略、创新驱动发展战略，统筹推进教育科技人才体制机制一体改革，健全新型举国体制，提升国家创新体系整体效能。

1995年5月6日，中共中央、国务院作出《关于加速科学技术进步的决定》，首次提出实施科教兴国战略。2002年5月发布的《2002—2005年全国人才队伍建设规划纲要》首次提出实施人才强国战略。2012年11月，党的十八大报告首次提出实施创新驱动发展战略。

必须坚持科技是第一生产力、人才是第一资源、创新是第一动力。科学技术从来没有像今天这样深刻影响着国家的前途命运，从来没有像今天这样深刻影响着人们的生活福祉。科教兴国战略、人才强国战略、创新驱动发展战略，是改革开放以来我们党总结概括并长期坚持的重大战略，对我国经济社会发展产生了深远影响。

一、深化教育综合改革

1. 深化教育改革

《决定》指出：加快建设高质量教育体系，统筹推进育人方式、办学模式、管理体制、保障机制改革。完善立德树人机制，推进大中小学思政课一体化改革创新，健全德智体美劳全面培养体系，提升教师教书育人能力，健全师德师风建设长效机制，深化教育评价改革。优化高等教育布局，加快建设中国特色、世界一流的大学和优势学科。分类推进高校改革，建立科技发展、国家战略需求牵引的学科设置调整机制和人才培养模式，超常布局急需学科专业，加强基础学科、新兴学科、交叉学科建设和拔尖人才培养，着力加强创新能力培养。完善高校科技创新机制，提高成果转化效能。强化科技教育和人文教育协同。加快构建职普融通、产教融合的职业教育体系。完善学生实习实践制度。引导规范民办教育发展。推进高水平教育开放，鼓励国外高水平理工类大学来华合作办学。

坚持以人民为中心发展教育事业，使教育事业为提高人民思想道德素质、科学文化素质和身心健康素质提供可靠保证，以协同创新深化教育综合改革，更加注重改革的系统性、整体性、协同性，加快建设高质量教育体系。

培养什么人、怎样培养人、为谁培养人这一教育的根本问题，关乎党和人民事业发展的根本。将"办好人民满意的教育"置于新时

深化教育综合改革，建设中国特色社会主义教育强国

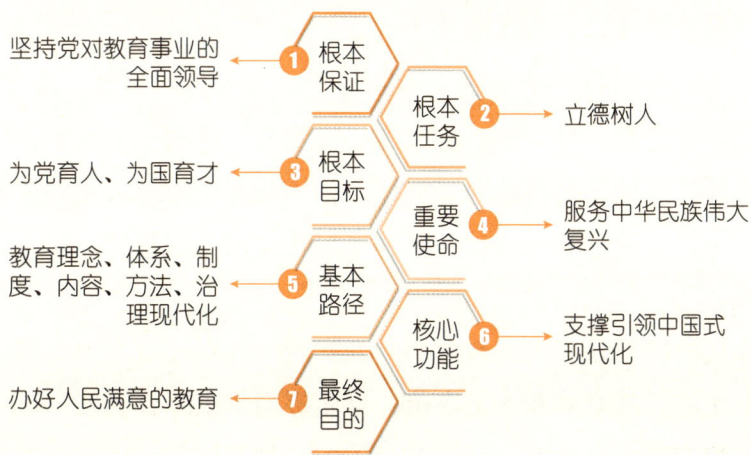

坚持党对教育事业的全面领导 ← **①** 根本保证

根本任务 **②** → 立德树人

为党育人、为国育才 ← **③** 根本目标

重要使命 **④** → 服务中华民族伟大复兴

教育理念、体系、制度、内容、方法、治理现代化 ← **⑤** 基本路径

核心功能 **⑥** → 支撑引领中国式现代化

办好人民满意的教育 ← **⑦** 最终目的

代科教兴国战略、强化现代化人才支撑的全局之中。坚持把立德树人作为中心环节，实现全过程育人、全方位育人。落实新时代思想政治课改革创新要求，坚持思政课在课程体系中的政治引领和价值引领作用，不断增强思政课的思想性、理论性和亲和力、针对性。健全德智体美劳全面培养的教育体系，形成更高水平的人才培养体系。以提升教师思想政治素质、师德师风水平和教育教学能力为重点，实施师德师风建设工程，健全长效机制。深化教育评价改革，坚持全员育人、全过程育人、全方位育人，把立德树人成效这一根本标准内化到教育各领域、各方面、各环节。

优化高等教育布局，突出培养一流人才、服务国家战略需求、争创世界一流导向，加快建设中国特色、世界一流的大学和优势学科。实施一流学科培优行动，聚焦优势突破方向，打造一批一流学科标杆，在重大任务完成中提升学科建设能力。

分类推进高校改革，构建更加多元的高等教育体系。推进高校专业设置调整优化改革工作，引导和支持高校开设国家战略和区域发展急需的新专业，瞄准世界科学前沿和关键技术领域优化学科布局，同时通过设立交叉学科或推动原有学科专业交叉融合，促进学科专业改造升级，提高人才自主培养质量，着力培养造就拔尖创新人才，构建支撑高水平科技自立自强的人才链。

完善高校科技创新机制，不断完善人才评价、激励、流动机制，加快破除唯分数、唯升学、唯文凭、唯论文、唯帽子的痼疾，科学设置人才评价周期，坚持开展分类评价，围绕促进成果转化的关键环节精准发力，构建有利于科技创新和成果转化的生态环境，提升成果转化效能。

强化科技教育和人文教育协同，实现一体贯通、互为支撑，不断提升学生的科技素养和人文底蕴，全面提高学生综合素质。

加快构建职普融通、产教融合的职业教育体系，优化职业教育类型定位，提高职业教育质量，增强职业教育适应性。

完善学生实习实践制度，把大中小学实习实践放在更加重要的位置统筹谋划，创新教育方式和组织形式。把实习实践教育有机纳入各级各类教育，改善学校实习实践教育条件，创新教学形式和内容。全面提升实习教育质量，建立机关企事业单位接收学生实习的激励机制，规范实习教学组织与管理，提升实习的规范性、公平性、有效性。

推动民办高校从粗放式增长向集约型发展转型，探索具有中国特色的民办高校高质量发展道路。

推进高水平教育开放，探索中外教育合作交流新模式，增进教育合作与交流的广度和深度，鼓励国外高水平理工类大学来华合作办学。

2. 促进教育均衡

《决定》指出：优化区域教育资源配置，建立同人口变化相协调的基本公共教育服务供给机制。完善义务教育优质均衡推进机制，探索逐步扩大免费教育范围。健全学前教育和特殊教育、专门教育保障机制。推进教育数字化，赋能学习型社会建设，加强终身教育保障。

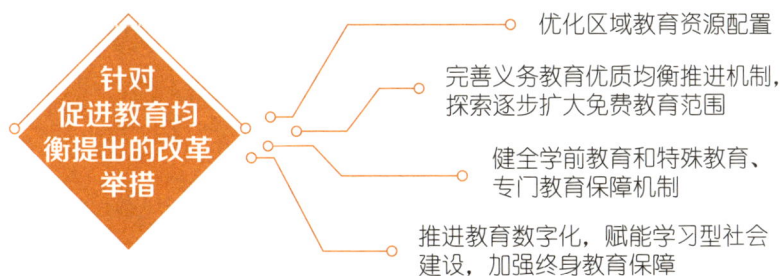

针对促进教育均衡提出的改革举措

- 优化区域教育资源配置
- 完善义务教育优质均衡推进机制，探索逐步扩大免费教育范围
- 健全学前教育和特殊教育、专门教育保障机制
- 推进教育数字化，赋能学习型社会建设，加强终身教育保障

优化区域教育资源配置，强化教育资源的投入与前瞻性配置，完善中央财政教育转移支付制度，完善教育东西部协作和对口支援机制，进一步推动优质教育资源向欠发达地区供给和输入，优化城乡学校布局，推进师资配备均衡化，加快城乡教育一体化，着力解决教育领域

发展不平衡不充分问题。加大对中西部困难地区的支持力度，推进基本公共教育覆盖全民、优质均衡，确保有效满足欠发达地区教育需求，缩小教育的城乡、区域、校际、群体差距，补齐教育发展短板。

将义务教育纳入教育强国建设的大局中来定位、谋划。健全城乡统一的义务教育经费保障机制，推进学校建设标准化，扩大优质教育资源覆盖面，加快集团化办学和城乡学校共同体建设，充分发挥教育数字化对教育资源有效配置和高效配置的作用，有效提升薄弱学校、农村学校办学水平，探索逐步将免费义务教育范围扩展至高中阶段和学前阶段。

建设普及、普惠、安全、优质的学前教育，不断提升学前教育的覆盖面和质量。坚持"特教特办"，强化普惠发展保障机制，推动特殊教育更好地满足残疾学生和特殊需要学生及其家庭对公平且有质量教育的需求。发挥好专门教育在防治未成年人犯罪方面的作用，通过专业方式方法对具有严重不良行为、轻微犯罪行为的未成年人进行教育矫治。

推进教育数字化，完善与数字教育相适应的制度设置和发展生态，提供更加个性化、系统化的学习方案，开辟教育发展新赛道、塑造教育发展新优势，构建数字时代的教育新形态。建设全民终身学习的学习型社会、学习型大国，促进人人皆学、处处能学、时时可学，不断提高国民受教育程度。

二、深化科技体制改革

1. 完善国家创新体系

《决定》指出：坚持面向世界科技前沿、面向经济主战场、面向国家重大需求、面向人民生命健康，优化重大科技创新组织机制，统筹强化关键核心技术攻关，推动科技创新力量、要素配置、人才队伍体系化、建制化、协同化。加强国家战略科技力量建设，完善国家实验室体系，优化国家科研机构、高水平研究型大学、科技领军企业定位和布局，推进科技创新央地协同，统筹各类科创平台建设，鼓励和规范发展新型研发机构，发挥我国超大规模市场引领作用，加强创新资源统筹和力量组织，推动科技创新和产业创新融合发展。构建科技安全风险监测预警和应对体系，加强科技基础条件自主保障。健全科技社团管理制度。扩大国际科技交流合作，鼓励在华设立国际科技组织，优化高校、科研院所、科技社团对外专业交流合作管理机制。

"四个面向"是我国科技创新工作的根本方向。"面向世界科技前沿"是基础前提，"面向经济主战场"是核心原则，"面向国家重大需求"是关键任务，"面向人民生命健康"是现实需求。重大科技创新是大规模有组织的科技创新活动，能够集中力量进行科技攻关，要强化国家层面的统筹布局和推动实施，完善科技创新全链条联动机制，强化联合攻关，建立科技创新重点领域一体规划和部署机制，探索项目、基地、人才一体化机制，统筹部署创新链、产业链、人才链、资金链，建立贯穿全链条的多部门联动实施、接力实施工作机制。探索

坚持"四个面向"的战略导向

"四个面向"

❶ 面向世界科技前沿

❷ 面向经济主战场

❸ 面向国家重大需求

❹ 面向人民生命健康

建立重大科技任务分类管理组织模式，针对不同创新任务形式，采取不同的管理模式，完善"揭榜挂帅""赛马制""业主制"等方式，建立适宜的组织模式。

加强党中央对科技工作的集中统一领导，发挥国家作为重大科技创新组织者的作用，加强国家战略科技力量的系统谋划和顶层设计，加强对各类科技资源的分类指导和统筹协调，加强央地协同，注重发挥国家实验室引领作用、国家科研机构建制化组织作用、高水平研究型大学主力军作用和科技领军企业"出题人""答题人""阅卷人"作用。优化组织机制，调动重要创新资源，统筹各类科创平台建设，鼓励和规范发展新型研发机构，强化跨部门、跨学科、跨军民、跨央地的资源整合机制，形成科技创新合力，使科技创新体系的运行更加高效、功能更加强大。以优化科技资源配置、激发创新主体活力、完善科技治理机制为着力点，加强科技力量统筹，建立强有力的科技创新统筹协调机制和决策高效、响应快速的扁平化管理机制，更好发挥我国科技创新在齐备的学科建制、宏大的人才规模、丰富的应用场景、高效的组织领导等方面的系统化集成化优势，构建能力强大、功能完备、军民融合、资源高效配置的国家创新体系。构建科技创新、产业创新协同互促的政策体系，健全科技成果转化收益合理分配机制，发挥市场对技术研发方向和创新要素配置的导向作用，促进科技成果的产业化规模化应用。

健全科技安全工作体系，提高科技安全治理水平，建立科技安全风险监测预警和应对体系，为保障国家主权、安全、发展利益提供强大的科技支撑。

健全科技社团管理制度，促进其积极承接政府职能、开展科技服务工作，弥补政府科技服务供给的不足，促进科技与经济的结合，做好政府与科技工作者之间的桥梁和纽带。

实施更加开放包容、互惠共享的国际科技合作战略，有效提升科技创新合作的层次和水平，加强与世界主要创新国家的多层次、广领域科技交流合作，积极参与和构建多边科技合作机制，大力支持和推动在中国建立国际科技组织，吸引国际同行搭建国际交流平台，优化高校、研究院所、科技社团对外专业交流合作管理机制。

2. 加强基础领域研究

《决定》指出：改进科技计划管理，强化基础研究领域、交叉前沿领域、重点领域前瞻性、引领性布局。加强有组织的基础研究，提高科技支出用于基础研究比重，完善竞争性支持和稳定支持相结合的基础研究投入机制，鼓励有条件的地方、企业、社会组织、个人支持基础研究，支持基础研究选题多样化，鼓励开展高风险、高价值基础研究。深化科技评价体系改革，加强科技伦理治理，严肃整治学术不端行为。

改进科技计划管理，重在加强前瞻性、引领性布局，使科技计划更加聚焦原创性、颠覆性、战略性创新，更加符合科技发展趋势和国家战略需要。从国家迫切急需和长远目标出发，强化科技与新兴产业、未来产业的融合，聚焦高端芯片、生物科技、工业软件、新材料、科研仪器等领域全力组织攻坚，从源头和底层打牢技术基础，用原创技术解决这些重要领域"卡脖子"问题，更好地抢占科技制高点，打牢未来发展的技术基础，发挥科技的战略先导作用，实现关键核心技术的自主可控。

加强有组织的基础研究，坚持目标导向和自由探索"两条腿走路"，把世界科技前沿同国家重大战略需求和经济社会发展目标结合起来，凝练基础研究关键科学问题，有组织推进战略导向的体系化基础研究、前沿导向的探索性基础研究、市场导向的应用性基础研究，完善基础研究支持体系和组织方式，稳步增加基础研究财政投入，通过税收优惠等多种方式激励企业加大投入，鼓励社会力量设立科学基金、科学捐赠等多元投入，提升国家自然科学基金及其联合基金资助效能，建立完善竞争性支持和稳定支持相结合的基础研究投入机制，长期稳定支持一批基础研究创新基地、优势团队和重点方向。

完善科技评价机制，确立以质量、贡献、绩效为核心的评价导向，实行与不同类型科研活动规律相适应的跟踪和分类评价制度，坚决破除"四唯"（"唯论文、唯职称、唯学历、唯奖项"）弊端。推动构建覆盖全面、导向明确、规范有序、协调一致的科技伦理治理体系，完善相应的责任追究机制，以零容忍的态度加大对论文抄袭、伪造文献、成果造假等学术不端行为的查处力度和公开曝光，切实净化学术环境，推动作风学风实质性改观。

3. 强化企业科技创新主体地位

《决定》指出：强化企业科技创新主体地位，建立培育壮大科技领军企业机制，加强企业主导的产学研深度融合，建立企业研发准备金制度，支持企业主动牵头或参与国家科技攻关任务。构建促进专精特新中小企业发展壮大机制。鼓励科技型中小企业加大研发投入，提高研发费用加计扣除比例。鼓励和引导高校、科研院所按照先使用后付费方式把科技成果许可给中小微企业使用。

强化协同创新，加强部门、企业、高校和科研院所协同。进一步强化企业的创新主体地位，把国家科技资源向关系国家综合实力的先进制造业重点领域和重点企业集中，鼓励企业以联盟型、集团型、基地型等形式开展以产业链整体发展为目标、产学研结合的大型创新活动。进一步落实人才、融资、财税、服务等配套措施，打造一大批创新型领军企业，支持领军企业牵头组建重大创新联合体、牵头组织实施国家重大科技任务，集成高校、科研院所的科技成果，统筹行业上下游的创新资源，形成体系化、任务型的协同创新模式，最大限度提升创新效率和价值。建立企业研发准备金制度，完善企业多元化研发资金投入机制。扩大重大科技专项、重点产业化项目等以企业为承担主体的比例。

构建促进专精特新"小巨人"企业发展壮大机制，打造优质企业梯度培育体系，加强精准服务支撑。

鼓励科技型中小企业加大研发投入，在当前科技型中小企业研发费用实行100%加计扣除政策的基础上，进一步提高加计扣除比例。

推广科技成果"先使用后付费"政策，支持高校、科研院所与中小微企业签订书面科技成果技术使用许可协议，采用分期支付、延期支付、附条件支付、收益提成支付等方式支付科技成果转让费用，解决高校、科研院所高质量科技成果本地转化不足和中小微企业转型升级所需高质量技术供给不足问题。

🔍 知识链接

什么是专精特新？

专精特新是专业化、精细化、特色化、创新能力强的简称。"专"，即专业化，强调顺应产业分工，聚焦细分领域，心无旁骛、坚守主业、深耕细作。"精"，即精细化，强调企业管理精细精益、产品服务精致精良、技术工艺精益求精。"特"，即特色化，强调技术、工艺和产品等有自身独特优势，掌握"独门绝技"。"新"，即创新能力强，强调以创新为企业生存和发展的根本，持续开展组织创新、技术创新、市场创新，加大创新投入，提升创新能力。专精特新中小企业以专注铸专长，以配套强产业，以创新赢市场，是提升产业链供应链韧性和竞争力的关键环节，是解决关键核心技术"卡脖子"问题的重要力量，是发展新质生产力、构建新发展格局的有力支撑。

4. 优化科技管理机制

《决定》指出：完善中央财政科技经费分配和管理使用机制，健全中央财政科技计划执行和专业机构管理体制。扩大财政科研项目经费"包干制"范围，赋予科学家更大技术路线决定权、更大经费支配权、更大资源调度权。建立专家实名推荐的非共识项目筛选机制。允许科研类事业单位实行比一般事业单位更灵活的管理制度，探索实行企业化管理。

深化科技经费分配和管理使用机制改革，健全中央财政科技计划执行和专业机构管理体制，赋予科研单位和科研人员更大自主权，提升科技创新投入效能。

扩大科研自主权，加快推进项目经费使用"包干制"改革，建立以信任为前提的顶尖科学家负责制，赋予创新领军人才更多的人财物自主权和更大技术路线决定权、更大经费支配权、更大资源调度权。

探索面向世界科学前沿的原创性科学问题发现和提出机制，完善自由探索型和任务导向型科技项目分类评价制度，鼓励重大原始创新和颠覆性创新的思维观念和评价导向，引导科学家勇闯"无人区"，对因创新性、颠覆性理念而与现有知识体系和共识不一致的非共识项目，建立特殊的支持和管理模式，在非共识项目筛选中，专家实名推荐，不问出处、不设门槛、不唯申请者过往业绩。

赋予科研类事业单位更多的自主权，支持其探索试行更灵活的薪酬制度，扩大其预算管理的灵活性和自主权，稳定从事基础性、前沿性、公益性研究的科研人员队伍。

5. 加快科技成果转化

《决定》指出：深化科技成果转化机制改革，加强国家技术转移体系建设，加快布局建设一批概念验证、中试验证平台，完善首台

（套）、首批次、首版次应用政策，加大政府采购自主创新产品力度。加强技术经理人队伍建设。

深化科技成果转化机制改革，发挥企业创新主体作用和政府统筹作用，促进资金、技术、应用、市场等要素对接，打通产学研创新链价值链。加强国家技术转移体系建设，建设统一开放的技术市场，构建互联互通的全国技术交易网络，发展技术转移机构，加强技术供需对接，优化要素配置。针对科技成果转化应用"最后一公里"难题，布局建设一批概念验证中心、中试验证平台，更好服务中小企业创新。完善对首台（套）、首批次、首版次应用在评价体系、财税支持、金融服务、保险补偿等方面的支持政策，落实自主创新产品政府采购支持政策，促进科技成果的产业化规模化应用。

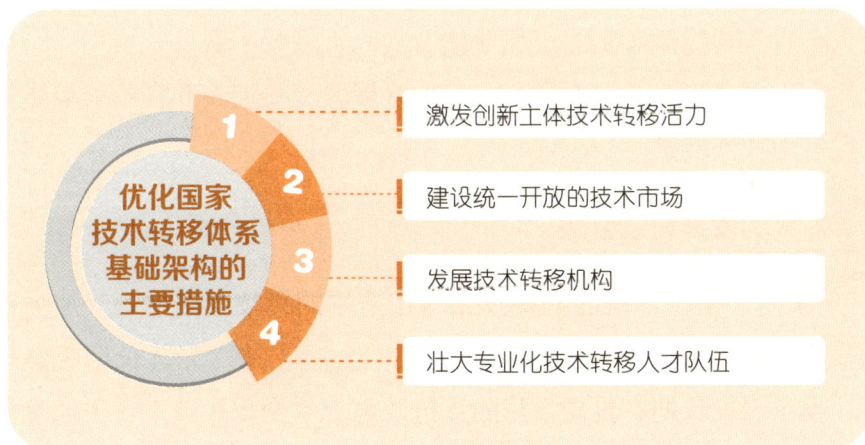

优化国家技术转移体系基础架构的主要措施

1. 激发创新主体技术转移活力
2. 建设统一开放的技术市场
3. 发展技术转移机构
4. 壮大专业化技术转移人才队伍

加强技术经理人队伍建设，构建技术经理人培育、使用、管理、集聚、激励的全周期服务体系，发挥好其在科技成果转移转化过程中的组织、协调、管理、咨询作用。

6. 深化收益分配改革

《决定》指出：允许科技人员在科技成果转化收益分配上有更大

自主权，建立职务科技成果资产单列管理制度，深化职务科技成果赋权改革。深化高校、科研院所收入分配改革。允许更多符合条件的国有企业以创新创造为导向，在科研人员中开展多种形式中长期激励。

实行以增加知识价值为导向的分配政策，提高科研人员成果转化收益分享比例，进一步激发科技人员成果转化积极性，更好保护国家利益和科研人员合法权益。建立符合市场经济规律和科技成果特征的国有资产管理制度，进一步下放科技成果管理权限，解决科技成果管理与国有资产保值增值考核要求之间的矛盾，转化前对职务科技成果单列管理，转化后对职务科技成果作价投资形成的国有股权单列管理。加快实施职务科技成果所有权或长期使用权改革试点。

深化高校、科研院所收入分配改革，通过稳定提高基本工资、加大绩效工资分配激励力度、落实科技成果转化奖励等激励措施，使科研人员收入与岗位职责、工作业绩、实际贡献紧密联系。

允许更多国有企业在科研人员中开展股权、期权和科技成果作价入股等中长期激励。

7. 大力发展科技金融

《决定》指出：构建同科技创新相适应的科技金融体制，加强对国家重大科技任务和科技型中小企业的金融支持，完善长期资本投早、投小、投长期、投硬科技的支持政策。健全重大技术攻关风险分散机制，建立科技保险政策体系。提高外资在华开展股权投资、风险投资便利性。

科技金融是指通过银行、证券、保险、创业投资、抵押、担保等金融方式和服务，支持科研、成果转化和科技型企业发展的金融模式。《决定》提出的改革举措对于促进科技与金融深度融合，建设科技强国和金融强国具有重要意义。

加强对科技企业全链条、全生命周期金融服务，对事关国家发展

发展科技金融，构建同科技创新相适应的科技金融体制要着重抓好的工作

01	02	03	04
加强对科技企业全链条、全生命周期金融服务	加大对国家科技重大任务的金融支持	构建丰富的科技金融产品体系	打造科技与金融良性互动的生态

与安全的重大科技任务，通过加强银行信贷、资本市场、科技保险、创业投资、债券以及财政引导等多项政策联动，支持承担国家科技重大项目、在关键核心技术上取得重大突破的科技领军企业上市融资。强化科技政策性贷款，常态化实施科技创新再贷款政策，推动商业银行将支持科技创新作为主要政策性业务。对天使投资和专注投早、投小、投长期、投硬科技的创业投资机构进一步予以支持，探索社保基金、保险资金、年金资金等长期资金支持科技创新的机制。

建立科技保险政策体系，通过金融工具创新实现创新风险共担、收益共享，降低重大技术攻关风险。

增强外资投资政策的透明度和可预期性，提高外资在华开展股权投资、风险投资的便利性。

三、深化人才发展体制机制改革

1. 加强人才培养

《决定》指出：实施更加积极、更加开放、更加有效的人才政策，完善人才自主培养机制，加快建设国家高水平人才高地和吸引集聚人才平台。加快建设国家战略人才力量，着力培养造就战略科学家、一流科技领军人才和创新团队，着力培养造就卓越工程师、大国工匠、高技能人才，提高各类人才素质。建设一流产业技术工人队伍。完善人才有序流动机制，促进人才区域合理布局，深化东中西部人才协作。完善青年创新人才发现、选拔、培养机制，更好保障青年科技人员待遇。健全保障科研人员专心科研制度。

坚持党管人才，深化人才发展体制机制改革，不断改革人才评价体系，激发各类人才创新活力，全方位支持人才、帮助人才，千方百计造就人才、成就人才，以识才的慧眼、爱才的诚意、用才的胆识、容才的雅量、聚才的良方，着力把党内和党外、国内和国外各方面优秀人才集聚到党和人民的伟大奋斗中来，努力建设一支规模宏大、结构合理、素质优良的人才队伍。全面提高人才自主培养质量，加快北京、上海、粤港澳大湾区国家高水平人才高地建设，加强各地人才平台建设。

加快培养站在国际科技前沿、引领科技自主创新、承担国家战略科技任务的战略人才。在国家重大科技任务担纲领衔者中发现具有深厚科学素养、长期奋战在科研第一线，视野开阔，前瞻性判断力、跨

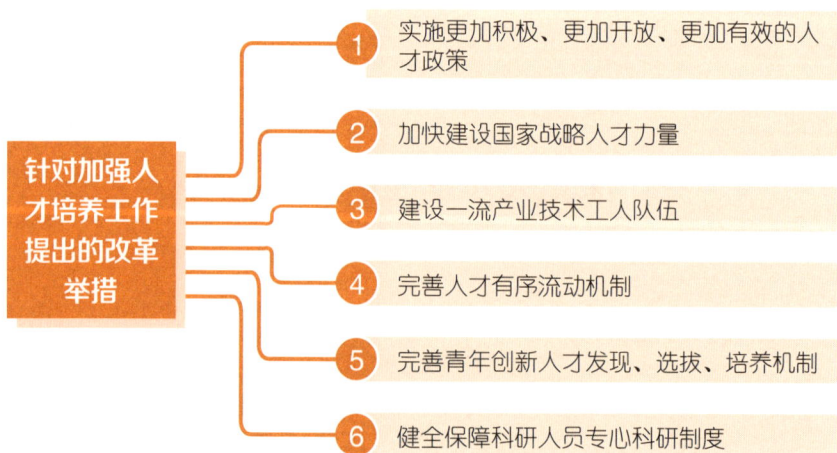

针对加强人才培养工作提出的改革举措

1 实施更加积极、更加开放、更加有效的人才政策

2 加快建设国家战略人才力量

3 建设一流产业技术工人队伍

4 完善人才有序流动机制

5 完善青年创新人才发现、选拔、培养机制

6 健全保障科研人员专心科研制度

学科理解能力、大兵团作战组织领导能力强的战略科学家。完善人才自主培养机制，提高人才供给自主可控能力。优化科技领军人才发现机制和创新团队遴选机制，探索新的项目组织方式，对领军人才实行人才梯队配套、科研条件配套、管理机制配套的特殊政策。探索形成中国特色、世界水平的卓越工程师、大国工匠、高技能人才培养体系，努力建设一支爱党报国、敬业奉献、具有突出技术创新能力、善于解决复杂工程问题的人才队伍。

建设一流产业技术工人队伍，建立健全培养、考核、使用、待遇相统一的激励机制。

完善人才有序流动机制，建立区域人才、项目、政策协同机制，构建合理有序的人才流动格局，缓解人才区域间结构性失衡，探索建立区域间人才流动补偿调节机制，鼓励引导人才向艰苦边远地区、边疆民族地区、革命老区和基层一线流动。

建立健全符合青年科技人才特点的制度机制，支持青年人才挑大梁、当主角，为他们创造更多成长平台和发展机会，造就规模宏大的青年科技人才队伍。

妥善解决好各类科研人员所面临的住房、医疗、养老、子女教育等方面的现实问题，为其专心科研提供良好保障，营造拴心留人良好环境。

2. 强化人才激励机制，完善人才评价体系

《决定》指出：强化人才激励机制，坚持向用人主体授权、为人才松绑。建立以创新能力、质量、实效、贡献为导向的人才评价体系。打通高校、科研院所和企业人才交流通道。完善海外引进人才支持保障机制，形成具有国际竞争力的人才制度体系。探索建立高技术人才移民制度。

强化人才激励机制，深化人才发展体制机制改革，破除人才引进、

培养、使用、评价、流动等方面的体制机制障碍，实行更加积极、更加开放、更加有效的人才政策，让广大科技人员乐于科研、勇于创新。

坚持"破四唯"和"立新标"并举，深化人才评价改革，分类构建符合科研活动特点、体现人才成长规律的评价指标和评价方式，发挥评价指挥棒和风向标的作用，清理各类考核评价条件、指标中涉及"四唯"以及与人才称号、学术头衔直接挂钩的规定。

坚持"破四唯"和"立新标"并举

破四唯	立新标
打破"唯论文、唯职称、唯学历、唯奖项"的传统科技人才评价体系	建立以创新能力、质量、实效、贡献为导向的人才评价体系

打破高校、科研院所和企业间的人才培养边界，打破户籍、地域、身份、人事关系等制约，为人才合理流动、高效配置提供通道。

进一步完善相关政策和机制，拓宽海外人才引进范围，有计划地引进一批能够突破关键技术、发展新兴产业、带动新兴学科、培养创新人才的高层次人才，对国家急需的顶尖人才实施特殊支持政策，形成具有吸引力和国际竞争力的人才制度体系。

聚焦解决海外高层次人才关心的重点难点问题，探索建立高技术人才移民制度，帮助海外引进人才解除后顾之忧，安心安身创业。

第五讲

健全宏观经济治理体系

《决定》指出：科学的宏观调控、有效的政府治理是发挥社会主义市场经济体制优势的内在要求。必须完善宏观调控制度体系，统筹推进财税、金融等重点领域改革，增强宏观政策取向一致性。

2020年5月11日印发的《中共中央、国务院关于新时代加快完善社会主义市场经济体制的意见》提出"完善宏观经济治理体制"。2020年10月，党的十九届五中全会指出："完善宏观经济治理。健全以国家发展规划为战略导向，以财政政策和货币政策为主要手段，就业、产业、投资、消费、环保、区域等政策紧密配合，目标优化、分工合理、高效协同的宏观经济治理体系。"党的二十大报告指出："健全宏观经济治理体系，发挥国家发展规划的战略导向作用，加强财政政策和货币政策协调配合，着力扩大内需，增强消费对经济发展的基础性作用和投资对优化供给结构的关键作用。"要加快建立体现新发展理念、与高质量发展要求相适应的宏观调控目标体系、政策体系、协调体系、保障体系和监督评价体系。

一、完善国家战略规划体系和政策统筹协调机制

1. 完善战略规划体系

《决定》指出：构建国家战略制定和实施机制，加强国家重大战

略深度融合，增强国家战略宏观引导、统筹协调功能。健全国家经济社会发展规划制度体系，强化规划衔接落实机制，发挥国家发展规划战略导向作用，强化国土空间规划基础作用，增强专项规划和区域规划实施支撑作用。健全专家参与公共决策制度。

更好发挥国家战略的统领作用，健全国家战略实施的政策协同机制，加强宏观政策协调配合，形成政策合力。提升国家战略实施的推进、协调和执行能力，加强评估考核，维护国家战略的严肃性和权威性，强化各类政策的保障和支撑作用，一张蓝图干到底，确保国家战略目标、战略任务和战略意图的实现。

党的十八大以来，建立完善国家战略规划体系是加强宏观经济治理体系的重要方式，是推进国家治理体系和治理能力现代化的重要手段

推动一系列国家战略深入实施

推动实施科教兴国战略、人才强国战略、创新驱动发展战略、区域协调发展战略、区域重大战略、主体功能区战略、新型城镇化战略、就业优先战略等，我国国家战略体系更加科学完善

编制实施"十三五"规划、"十四五"规划

"十三五"规划引领我国如期全面建成小康社会、实现第一个百年奋斗目标，"十四五"规划各项举措正在稳步实施

用中长期规划引领经济社会发展，是我们党治国理政的重要方式，是中国特色社会主义制度的独特优势。健全战略规划推进落实机制，发挥国家发展规划战略导向作用，使总目标和分目标、中长期规

划和年度计划有效衔接、接续推进，实现宏观经济治理目标和手段有机结合。健全国家战略规划衔接协调机制，加快建立健全以国家发展规划为统领，以空间规划为基础，以专项规划、区域规划为支撑，由国家、省、市县各级规划共同组成，定位准确、边界清晰、功能互补、统一衔接的国家规划体系，健全规划运行过程和实施效果的评估、监督、考核和问责机制。做好国土空间规划顶层设计，发挥国土空间规划在国家规划体系中的基础性作用，为国家发展规划落地实施提供空间保障。

健全专家参与公共决策制度，完善体制机制，规范流程标准，强化全过程管理，营造人尽其才、富有活力、风清气正的专家参与公共决策环境。

2. 强化政策统筹协调

《决定》指出：围绕实施国家发展规划、重大战略促进财政、货币、产业、价格、就业等政策协同发力，优化各类增量资源配置和存量结构调整。探索实行国家宏观资产负债表管理。把经济政策和非经济性政策都纳入宏观政策取向一致性评估。健全预期管理机制。健全支撑高质量发展的统计指标核算体系，加强新经济新领域纳统覆盖。加强产业活动单位统计基础建设，优化总部和分支机构统计办法，逐步推广经营主体活动发生地统计。健全国际宏观政策协调机制。

加强财政、货币、产业、价格、就业等政策协调配合，强化宏观政策的统筹，更加注重平衡好短期与长期、稳增长与防风险、内部均衡与外部均衡的关系，强化逆周期和跨周期调节，提高宏观政策传导效率，确保各项政策同向发力、形成合力，发挥出事半功倍的组合效应。

探索实行国家宏观资产负债表管理，加强基于宏观资产负债表的宏观经济管理研究，精准监控各类存量资产和负债，及时发现和应对

什么是国家宏观资产负债表管理？

国家宏观资产负债表，经由统计合并一个国家或者一个地区范围内政府、住户、企业、金融机构资产债务后所形成。国家宏观资产负债表管理，需要综合考量一个国家和地区在特定时间点上拥有的资产负债总量及资产结构。在管理路径上，可以通过分析国家宏观资产负债表存在的问题，比如，资产和负债是否对应，负债率是否在合理区间，来预测国家宏观资产负债表的预期变化，随之采取措施修复国家宏观资产负债表。严格来讲，它需要反映政府、金融机构、企业等拥有的所有资产情况和负债规模，从资产存量、财富存量的视角分析国家经济变化的趋势和健康隐忧。

经济发展中的风险挑战，通过对存量结构的优化调整实现资源的合理配置，提高经济效率。

把经济政策和非经济性政策都纳入宏观政策取向一致性评估，统筹把握好政策出台的时机、力度、节奏，多推出有利于稳预期、稳增长、稳就业的政策，审慎出台收缩性、抑制性举措。全面精准分析政策的叠加效应，既要避免"合成谬误"导致不同政策相互掣肘，又要防止"分解谬误"导致整体任务简单分解甚至层层加码。

加强和完善市场预期管理，构建制度化的预期管理体系，建立双向信息传递渠道，更多地通过影响市场指标传递政府调控意图，形成预期引导的惯例和机制，提高政策制定透明度，充分开发和利用各种预期管理工具，跟踪市场预期变化及时做好政策调整和市场沟通工作。

构建中国式现代化统计指标体系，健全调查制度、完善统计方法、变革统计手段，改进数字经济统计核算，健全科技创新统计，全面提升统计现代信息技术应用水平，推动统计数据采集、传输、处理、分析、发布全流程数字化改造，不断提高统计数据质量，积极引领和推动高质量发展。

健全国际宏观政策协调机制，坚持以建设性姿态推进全球经济治理体系变革，促进国际经济秩序朝着平等公正、合作共赢的方向发展，充分利用好联合国、世界贸易组织、二十国集团、亚太经合组织、上海合作组织等机制平台，围绕双边、多边、区域、国际组织等正式和非正式的机制渠道开展工作，强化成员间团结协作，增强各国经济、金融、贸易、投资等领域宏观政策的协调性，增强增长动力，推动制定更加公平合理、自由便利的国际经贸规则，推进贸易和投资自由化便利化。

二、深化财税体制改革

1. 加强预算管理

《决定》指出：健全预算制度，加强财政资源和预算统筹，把依托行政权力、政府信用、国有资源资产获取的收入全部纳入政府预算管理。完善国有资本经营预算和绩效评价制度，强化国家重大战略任务和基本民生财力保障。强化对预算编制和财政政策的宏观指导。加强公共服务绩效管理，强化事前功能评估。深化零基预算改革。统一预算分配权，提高预算管理统一性、规范性，完善预算公开和监督制度。完善权责发生制政府综合财务报告制度。

健全预算制度，加强财政资源和预算统筹，强化国家重大战略任务财力保障，将部门和单位的所有收入全部编入预算。

完善国有资本经营预算和绩效评价制度，加强预算、资产、债务等资源统筹，优化资源配置，完善集中力量办大事的财政保障机制。完善国有资本经营预算制度，健全收支管理，提升资金效能，建立更加紧密的国有资本经营预算与国有资产报告衔接关系，发挥对宏观经济运行、国有经济布局结构的重要调控作用。完善国有资本绩效评价制度，对国有资本经营成果以及对国家重大战略任务和基本民生的保障作用，进行定量分析评判，提高国有资本效能。

强化对预算编制和财政政策的宏观指导，健全支出标准体系，建立完善动态调整机制，为预算编制提供科学依据。

加强公共服务绩效管理，加快完善全方位、全过程、全覆盖的预算绩效管理体系，强化预算评价结果运用。

健全支出标准体系，建立完善动态调整机制，深化零基预算改革，打破基数概念和支出固化格局。

统一预算分配权，大幅压缩代编预算规模和年中二次分配，全面提高年初预算到位率，提高预算编制的科学性和准确性。完善预算公开和监督制度，提高预算公开工作质量。

完善权责发生制政府综合财务报告制度，探索编制全国政府综合财务报告。

2. 健全税收制度

《决定》指出：健全有利于高质量发展、社会公平、市场统一的税收制度，优化税制结构。研究同新业态相适应的税收制度。全面落实税收法定原则，规范税收优惠政策，完善对重点领域和关键环节支持机制。健全直接税体系，完善综合和分类相结合的个人所得税制度，规范经营所得、资本所得、财产所得税收政策，实行劳动性所得统一征税。深化税收征管改革。

健全税收制度，进一步优化税制结构、强化税收功能，使财政收入来源更加平衡稳固，税收调控更加科学有力，收入调节更加精准高效，更好发挥税收在国家治理中的基础性、支柱性、保障性作用。

全面落实税收法定原则，规范税收优惠政策，加强税收立法修法工作，稳步推进增值税、消费税、土地增值税等税收立法，提升政府收入体系规范化和法治化水平。围绕支持创新发展、绿色发展和协调发展，完善政策、提升效率，增强税收政策的规范性、针对性、有效性。

健全税收制度，优化税制结构，促进高质量发展、社会公平、市场统一的举措

1. 研究同新业态相适应的税收制度
2. 全面落实税收法定原则，完善对重点领域和关键环节支持机制
3. 健全直接税体系，完善个人所得税制度
4. 深化税收征管改革

深化税收征管改革，全面推进税收征管数字化升级和智能化改造，完善税务监管体系，规范和加强收入征管，依法征收，应收尽收，进一步增强纳税服务和税收执法的规范性、便捷性和精准性。

3.增加地方自主财力

《决定》指出：建立权责清晰、财力协调、区域均衡的中央和地方财政关系。增加地方自主财力，拓展地方税源，适当扩大地方税收管理权限。完善财政转移支付体系，清理规范专项转移支付，增加一般性转移支付，提升市县财力同事权相匹配程度。建立促进高质量发展转移支付激励约束机制。推进消费税征收环节后移并稳步下划地方，完善增值税留抵退税政策和抵扣链条，优化共享税分享比例。研究把城市维护建设税、教育费附加、地方教育附加合并为地方附加税，授权地方在一定幅度内确定具体适用税率。合理扩大地方政府专项债券支持范围，适当扩大用作资本金的领域、规模、比例。完善政府债务管理制度，建立全口径地方债务监测监管体系和防范化解隐性债务风险长效机制，加快地方融资平台改革转型。规范非税收入管理，适当下沉部分非税收入管理权限，由地方结合实际差别化管理。

优化中央和地方财政关系，遵循受益范围、信息对称和激励相容原则，完善中央和地方财政事权和支出责任划分。

通过合理配置地方税权，理顺税费关系，培育壮大地方财源，逐步建立规范、稳定、可持续的地方税体系，使权责配置更为合理，收入划分更加规范，财力分布相对均衡，基层保障更加有力。

建立一般性转移支付稳定增长机制，加强一般性转移支付管理，严控新设专项转移支付项目，健全专项转移支付退出机制，促进地区间基本公共服务均等化，实现区域协调发展。

建立转移支付激励约束机制，采取奖惩等方式，引导地方将一般性转移支付资金投入民生等中央确定的重点领域，实现高质量发展。

推进消费税征收方式改革，完善增值税留抵退税政策，优化中央地方共享税分享比例。

完善地方税收体系，增加地方自主财力，拓展地方税源，开征地方附加税并将其权限下放地方。

合理扩大地方政府专项债券支持范围，适当扩大用作资本金的使用范围，提高资金使用效益，确保专项债按期偿还。

完善政府债务管理制度，完善政府债务分类和功能定位，优化中央和地方政府债务结构，加强地方政府法定债务管理，科学合理确定债务规模。健全地方债务工作协调机制，加强数据信息共享，坚决遏制新增隐性债务，有序化解存量隐性债务，严格落实地方政府举债终身问责制和债务问题倒查机制，加大问责力度。加强对地方融资平台公司的综合治理，妥善处理其债务和资产，分类推进市场化转型，严禁新设融资平台公司，禁止各种变相举债行为。

下沉部分非税收入管理权限，使各地能够利用自身的信息优势，根据本地区经济发展水平和资源禀赋，制定更加符合实际的差别化非税收入政策，在非税收入中逐步培养适合各地的地方税源。

4. 强化中央事权

《决定》指出：适当加强中央事权、提高中央财政支出比例。中央财政事权原则上通过中央本级安排支出，减少委托地方代行的中央财政事权。不得违规要求地方安排配套资金，确需委托地方行使权的，通过专项转移支付安排资金。

适度加强中央事权和支出责任，探索建立财政事权和支出责任划分动态评估调整机制，在清晰界定财政事权和支出责任的基础上，通过优化政府间收入划分和转移支付结构，推动形成稳定的各级政府事权、支出责任和财力相适应的制度。

三、深化金融体制改革

1. 优化金融体系

《决定》指出：加快完善中央银行制度，畅通货币政策传导机制。积极发展科技金融、绿色金融、普惠金融、养老金融、数字金融，加强对重大战略、重点领域、薄弱环节的优质金融服务。完善金融机构定位和治理，健全服务实体经济的激励约束机制。发展多元股权融资，加快多层次债券市场发展，提高直接融资比重。优化国有金融资本管理体制。

加快完善中央银行制度，实行中央银行独立的财务预算管理制度，增强中央银行财务实力，健全货币政策和宏观审慎政策双支柱调控框架，维护人民币币值稳定和金融稳定。

畅通货币政策传导机制，健全基础货币投放机制和货币供应调控机制，优化市场化利率形成和传导机制，发挥好货币政策工具总量和结构双重功能。

优化资金供给结构，提高资金使用效率，做好科技金融、绿色金融、普惠金融、养老金融、数字金融"五篇大文章"，打造良性互动的金融机构和金融市场生态体系，切实加强对重大战略、重点领域和薄弱环节的优质金融服务，疏通资金进入实体经济的渠道。

做好金融"五篇大文章"

| 科技金融 | 绿色金融 | 普惠金融 | 养老金融 | 数字金融 |

完善金融机构定位和治理，优化金融机构体系，发挥结构性货币政策工具功能，优化重点领域的金融服务评估机制，健全金融服务实体经济的激励约束机制。

发展股票市场、私募股权等多元股权融资，为企业提供多元化的融资渠道，降低企业的融资成本，加快发展银行间债券市场柜台业务，促进多层次债券市场发展，提升市场活跃度，促进市场分层，努力提高直接融资的包容度和覆盖面，畅通直接融资渠道，提高直接融资比重。

强化国有金融资本管理职责定位，优化国有金融资本功能定位和布局结构，推动其向绿色发展、共同富裕等领域倾斜，更好践行金融为民的责任担当，聚焦经济社会发展重点领域和薄弱环节提供更多政策性、长期性资金支持。

2. 完善资本市场

《决定》指出：健全投资和融资相协调的资本市场功能，防风险、强监管，促进资本市场健康稳定发展。支持长期资金入市。提高上市公司质量，强化上市公司监管和退市制度。建立增强资本市场内在稳定性长效机制。完善大股东、实际控制人行为规范约束机制。完善上市公司分红激励约束机制。健全投资者保护机制。推动区域性股权市场规则对接、标准统一。

细化资本市场改革发展的顶层设计，综合考虑防风险、强实体、惠民生、利长远等因素，打造规范、透明、开放、有活力、有韧性的资本市场，强化资本市场融资功能发挥，促进资本市场投融资协同发展，维护资本市场稳定运行，不断提升服务实体经济能力。

支持长期资金入市，构建支持"长钱长投"的政策体系，完善有利于长期投资的考核评价、税收、投资账户等制度。

把提升上市公司可投性作为增强资本市场内在稳定性的关键，提高上市公司质量，不断提升上市公司监管法规的体系化、规范化、科学化水平。增加上市公司"透明度"，大力打击违法违规行为、加快退市制度改革，促进上市公司在规范轨道上高质量发展。

完善行为规范约束机制，强化上市公司及其股东、实际控制人、董事、高管等人员责任，加强上市公司监管，严格信息披露和公司治理要求，加强减持、分红、并购重组等环节监督。

完善上市公司分红激励约束机制，明确鼓励现金分红导向，推动上市公司优化分红方式和节奏、提高分红水平，对不分红的公司加强披露要求等制度约束，对财务投资较多但分红水平偏低的公司进行重点监管。

加强投资者保护，健全投资者赔偿救济机制，提升证券行业违法违规成本，落实对违法行为负有责任的控股股东、实际控制人、董事、高管、中介机构等依法赔偿投资者损失制度，实施证券纠纷特别代表人诉讼制度。

推动区域性股权市场规则对接、标准统一，规范市场登记要素，为推进区域性股权市场与全国性市场对接奠定基础。

3. 防范金融风险

《决定》指出：制定金融法。完善金融监管体系，依法将所有金融活动纳入监管，强化监管责任和问责制度，加强中央和地方监管协同。建设安全高效的金融基础设施，统一金融市场登记托管、结算清算规则制度，建立风险早期纠正硬约束制度，筑牢有效防控系统性风险的金融稳定保障体系。健全金融消费者保护和打击非法金融活动机制，构建产业资本和金融资本"防火墙"。推动金融高水平开放，稳慎扎实推进人民币国际化，发展人民币离岸市场。稳妥推进数字人民币研发和应用。加快建设上海国际金融中心。

党的十八大以来，我国系统性推进现代金融监管体系及金融法治化建设，中央银行、金融监管部门、地方金融管理机构分工协作架构逐步形成，金融监管法律法规不断健全，金融监管能力和水平持续提升。

完善金融监管体系，实现金融监管全覆盖。坚持管合法更要管非法，管行业必须管风险，消除监管空白和盲区，落实性质模糊、责任不清的金融活动的监管责任归属，确保监管无死角、无盲区、无例外，严厉打击非法金融活动。强化监管责任，确保监管责任覆盖市场准入、非现场监管、现场检查、股权穿透、消费者保护、防止过度杠杆、打击犯罪等各环节、全链条。健全监督问责机制，对监管不担当不作为、推诿扯皮的，严肃问责追责。健全中央地方监管协同机制，坚持金融管理主要是中央事权原则，中央金融管理部门统一制定监管规则，对地方金融管理机构加强业务指导和监督；地方金融管理机构专司监管职责，重点加强对地方金融组织监管。

加强金融基础设施统筹监管与建设规划，打造自主可控、安全高效的金融资产登记托管系统、清算结算系统、交易设施、交易报告库、重要支付系统、基础征信系统等在内的金融基础设施体系，统一金融市场登记托管、结算清算规则制度，为宏观审慎管理和强化风险防控提供有力支撑。强化金融稳定保障体系，夯实金融稳健运行制度基础，补齐金融风险防范化解制度短板，加强风险预警、防控机制和能力建设，运用市场化、法治化方式化解风险隐患，牢牢守住不发生系统性风险的底线。

全面保障金融消费者合法权益，建立完善消保审查、信息披露、适当性管理、个人信息保护、合作机构管控、消保内部考核和审计等工作机制，构筑全方位的金融消费者权益保护工作体系，保护消费者知情权、自主选择权和公平交易权，保护消费者财产安全权和依法求偿权。健全打击非法金融活动机制，建立监管责任归属认领机制和兜底监管机制，坚持同责共担、同题共答、同向发力，强化央地监管协同，形成合力。做好产融风险隔离，筑牢产业资本与金融资本"防火墙"，防止产业资本在金融领域无序扩张。

稳妥推进数字人民币研发和应用，稳妥有序扩大试点范围，加强场景建设和应用创新，开展重大问题研究，深化国际交流合作。

以制度型开放为重点推进金融高水平对外开放，对标国际高标准经贸协议中金融领域相关规则，坚持"引进来"和"走出去"并重，精简限制性措施，增强开放政策的透明度、稳定性和可预期性。深化国际双边货币合作，完善人民币跨境投融资、交易结算等制度和基础设施安排，完善本外币一体化的跨境资本流动宏观审慎管理框架，建立健全跨境资本流动监测、评估和预警体系，稳慎扎实推进人民币国际化。支持离岸人民币市场健康发展，促进人民币在岸、离岸市场形成良性循环。

支持上海国际金融中心高标准对接国际规则，探索更加灵活的金融政策体系、监管模式和管理体制，推动在更大范围、更宽领域、更深层次的高水平开放。

4. 扩大金融开放

《决定》指出：完善准入前国民待遇加负面清单管理模式，支持符合条件的外资机构参与金融业务试点。稳慎拓展金融市场互联互通，优化合格境外投资者制度。推进自主可控的跨境支付体系建设，强化开放条件下金融安全机制。建立统一的全口径外债监管体系。积极参与国际金融治理。

完善准入前国民待遇加负面清单管理模式，扩大外资金融机构业务范围，支持外资金融机构在中国境内设立更多分支机构，使外资金融机构更好地融入中国金融市场，不断创新产品和服务。

在维护国家金融利益、确保国家金融安全的原则下拓展境内外金融市场互联互通。优化合格境外机构投资者制度，进一步便利境外机构投资者进行境内证券投资。

推进自主可控的跨境支付体系建设，加快构建以人民币跨境支付系统为主渠道，银联等其他清算机构、商业银行多渠道发展的支付体系，为境内外客户提供跨境人民币支付清算服务，不断拓展人民币跨境支付服务的广度深度。强化开放条件下金融安全机制，持续完善宏观审慎政策框架，强化系统性金融风险监测、评估和预警，开展宏观审慎压力测试，进一步丰富和优化宏观审慎政策工具箱，逐步扩大宏

人民币跨境支付系统业务增长较快

截至2023年11月末

121家银行

直接参与者129家

8家境内外金融市场基础设施

间接参与者1353家

人民币跨境支付系统共有**1482**家参与者，其中，直接参与者**129**家，包括**121**家银行、**8**家境内外金融市场基础设施，间接参与者**1353**家。从实际业务发生情况来看，人民币跨境支付系统业务实际可覆盖全球**182**个国家和地区的**4400**余家法人银行机构

2023年

人民币跨境支付系统处理业务**661.33**万笔，金额**123.06万亿**元，同比分别增长**50.29%**和**27.27%**。日均处理业务**2.59**万笔，金额**4826.02亿**元

数据来源：《人民日报》2024年4月1日、《每日经济新闻》2023年12月22日

观审慎管理覆盖领域，防范金融体系的顺周期波动和风险的跨市场、跨部门传染。

建立统一的全口径外债监管体系，构建协调统一的外债管理体系。坚持外债总量控制，保持外债合理水平，进一步优化外债结构，切实有效防范外债风险。

充分利用各种资源和平台积极参与国际金融监管规则的重塑，加强跨境金融监管合作，推动形成更加完善的国际金融监管体系，促进构建公正高效的全球金融治理格局。

四、完善实施区域协调发展战略机制

《决定》指出：构建优势互补的区域经济布局和国土空间体系。健全推动西部大开发形成新格局、东北全面振兴取得新突破、中部地区加快崛起、东部地区加快推进现代化的制度和政策体系。推动京津冀、长三角、粤港澳大湾区等地区更好发挥高质量发展动力源作用，优化长江经济带发展、黄河流域生态保护和高质量发展机制。高标准高质量推进雄安新区建设。推动成渝地区双城经济圈建设走深走实。健全主体功能区制度体系，强化国土空间优化发展保障机制。完善区域一体化发展机制，构建跨行政区合作发展新机制，深化东中西部产业协作。完善促进海洋经济发展体制机制。

我国区域差异大、发展不平衡，要根据各地区的自然条件和客观规律，调整完善区域政策体系，发挥各地区比较优势，走合理分工、优化发展之路，落实主体功能区战略，推动形成优势互补、高质量发展的区域经济布局和国土空间体系。

持续推进西部大开发、东北全面振兴、中部地区崛起、东部率先发展四大区域板块战略，不断加深东西南北互济协同，构建区域发展优势互补、相得益彰的崭新局面。

以京津冀、长江经济带发展、粤港澳大湾区建设、长三角一体化发展、黄河流域生态保护和高质量发展等区域重大战略为重点，提升创新策源能力和全球资源配置能力，加快打造引领高质量发展的第一梯队。贯彻长江经济带、黄河流域发展战略，积极探索全流域生态环境高水平保护与经济高质量发展的新路径。

保持历史耐心，处理好近期目标和中远期目标、城市建设速度和人口聚集规模、产业转移和产业升级、政府和市场、承接北京非首都功能疏解和城市自身发展、城市建设和周边乡村振兴等重大关系，高标准高质量推进雄安新区建设。

推动成渝地区建设有实力、有特色的双城经济圈，统一谋划、一体部署、相互协作、共同实施，形成改革开放新动力，塑造创新发展新优势，构建与沿海地区协作互动新局面。

发挥好主体功能区作为国土空间开发保护基础制度的作用，细化主体功能区划分，按照主体功能定位划分政策单元，分类精准施策，对重点开发地区、生态脆弱地区、能源资源富集地区等制定差异化政策，不断提升国土空间治理现代化水平。强化国土空间优化发展保障机制，统筹推进实施区域重大战略、区域协调发展战略、主体功能区战略，健全区域协调发展体制机制，构建高质量发展的国土空间布局和支撑体系。

完善区域一体化发展机制，坚持系统观念，增强一体化意识，坚持一盘棋思想，打破行政壁垒、提高政策协同，推动一体化向更深层次更宽领域拓展，在跨区域生态环境保护、实现公共服务跨区域一体化等方面率先迈出实质性步伐。深化东中西部协作，加强产业合作、资源互补、劳务对接、人才交流，形成多层次、多形式、全方位的协作帮扶格局。

完善促进海洋经济发展体制机制，推进海陆资源开发的统一协调和规划，拓展海洋经济发展新空间，大力培育发展海洋战略性新兴产业，支持海洋领域数字经济融合发展，加快海洋养殖从近海向深海转变、海洋捕捞由近海向远海拓展，积极发展新型海洋服务业，实现海洋产业基础高级化、产业链供应链现代化，推动传统海洋经济向新型蓝色经济转型升级。

第六讲

完善城乡融合发展体制机制

一　健全推进新型城镇化体制机制

二　巩固和完善农村基本经营制度

三　完善强农惠农富农支持制度

四　深化土地制度改革

《决定》指出：城乡融合发展是中国式现代化的必然要求。必须统筹新型工业化、新型城镇化和乡村全面振兴，全面提高城乡规划、建设、治理融合水平，促进城乡要素平等交换、双向流动，缩小城乡差别，促进城乡共同繁荣发展。

推进中国式现代化，要坚持农业农村优先发展，坚持城乡融合发展，强化以工补农、以城带乡，推动形成工农互促、城乡互补、协调发展、共同繁荣的新型工农城乡关系，加快推进农业农村现代化。

一、健全推进新型城镇化体制机制

1. 推进新型城镇化

《决定》指出：构建产业升级、人口集聚、城镇发展良性互动机制。推行由常住地登记户口提供基本公共服务制度，推动符合条件的农业转移人口社会保险、住房保障、随迁子女义务教育等享有同迁入地户籍人口同等权利，加快农业转移人口市民化。保障进城落户农民合法土地权益，依法维护进城落户农民的土地承包权、宅基地使用权、集体收益分配权，探索建立自愿有偿退出的办法。

走中国特色新型城镇化道路，要坚持促进城镇发展与产业支撑、就业转移、人口集聚相统一，推动信息化和工业化深度融合、工业化和城镇化良性互动、城镇化和农业现代化相互协调。

加快农业转移人口市民化是推进以人为核心的新型城镇化的首要任务，要尽快完善政策，筹措资金，积极推进城镇基本公共服务由主要对本地户籍人口提供向对常住人口提供转变，使在城镇就业居住但未落户的农业转移人口享有城镇基本公共服务，平等享有与当地户籍人口同等的义务教育、医疗卫生、社会保障等权利，做到公共服务提供随人走，为农业转移人口的自由流动创造良好制度环境。

📝 **权威评论**

郑栅洁（二十届中央委员，国家发展和改革委员会党组书记、主任）：党的十八大以来，中国新型城镇化建设取得重大进展，常住人口城镇化率从 2012 年的 53.10% 提高至 2023 年的 66.16%。同时也要看到，这是全国的平均数，中西部地区城镇化建设还有很大潜力；户籍人口和常住人口的城镇化率还有较大差距，中国整体城镇化率也还有很大提升空间。我们将深入实施新型城镇化战略，不断释放巨大内需潜力，为中国式现代化提供动力和支撑。

依法保障进城落户农民的土地承包权、宅基地使用权和集体收益分配权"三权"，农民户籍变动与农村"三权"脱钩，不得以退出"三权"作为农民进城落户的条件，探索农民"三权"退出政策，坚持农民自愿有偿原则，稳妥审慎推进，保障农民长远利益，为农民顺利融入城市提供条件和保障。

2. 优化城市管理

《决定》指出：坚持人民城市人民建、人民城市为人民。健全城市规划体系，引导大中小城市和小城镇协调发展、集约紧凑布局。深化城市建设、运营、治理体制改革，加快转变城市发展方式。推动形成超大特大城市智慧高效治理新体系，建立都市圈同城化发展体制机制。深化赋予特大镇同人口和经济规模相适应的经济社会管理权改革。建立可持续的城市更新模式和政策法规，加强地下综合管廊建设和老旧管线改造升级，深化城市安全韧性提升行动。

建设人民城市，将以人民为中心的发展思想贯穿城市发展始终，充分体现人民意志、保障人民权益、激发人民创造活力，聚焦解决群众急难愁盼问题，把让人民宜居安居放在首位，把最好的资源留给人民，以更优的供给服务人民，把人民需求作为城市建设的第一需求，不断擦亮人民城市的幸福底色。

健全城市规划体系，加强和改进城市规划建设管理工作，解决制约城市科学发展的突出矛盾和深层次问题，实现城市有序建设、适度开发、高效运行，努力打造和谐宜居、富有活力、各具特色的现代化城市。以城市群、都市圈为依托构建大中小城市协调发展格局，推进以县城为重要载体的城镇化建设，优化城市空间布局，促进城市用地的节约利用，推动城市集约型内涵式发展。

深化城市建设、运营、治理体制改革，进一步理顺城市管理体制，破除制约城市科学发展的弊端，使城市管理在机构设置上更加科学、在职能配置上更加优化、在体制机制上更加完善、在运行管理上更加高效，不断拓展人民群众参与城市治理的途径和方式。聚焦实现高效能治理，着力提升超大特大城市治理现代化水平，不断提高城市治理科学化、精细化、智能化水平。引导超大特大城市与周边城市同城化发展，构建便捷高效的通勤圈、梯次配套的产业圈、便利共享的生活圈，培育发展现代化都市圈。

对吸纳人口多、经济实力强的特大镇，赋予其同人口和经济规模相适应的管理权，解决其发展中的制度障碍，激发其发展活力。

以系统思维推进城市更新，注重在科学化、精细化、智能化上下

深化城市建设、运营、治理体制改革，加快转变城市发展方式要着重抓好的工作

合理控制城市规模 → 优化城市空间结构

提升数字化治理水平 → 加强生态环境保护

提高城市历史人文底蕴 → 深化城市安全韧性提升行动

功夫，补齐基础设施和公共服务设施短板，提升城市品质，推动城市开发建设从粗放型外延式发展转向集约型内涵式发展，将建设重点由房地产主导的增量建设逐步转向以提升城市品质为主的存量提质改造，促进资本、土地等要素优化再配置。推进城市地下综合管廊建设，统筹各类市政管线的规划、建设和管理，彻底解决反复开挖路面、架空线网密集、管线事故频发等问题。推进韧性安全城市建设，持续提高城市全生命周期的风险防控能力，全面增强城市整体韧性，不断提升城市安全治理水平。

二、巩固和完善农村基本经营制度

《决定》指出：有序推进第二轮土地承包到期后再延长三十年试点，深化承包地所有权、承包权、经营权分置改革，发展农业适度规模经营。完善农业经营体系，完善承包地经营权流转价格形成机制，促进农民合作经营，推动新型农业经营主体扶持政策同带动农户增收挂钩。健全便捷高效的农业社会化服务体系。发展新型农村集体经济，构建产权明晰、分配合理的运行机制，赋予农民更加充分的财产权益。

稳定农村土地承包关系，坚持"大稳定、小调整"，有序推进第二轮土地承包到期后再延长30年试点，把依法维护农民权益作为出发点和落脚点，坚持农村土地农民集体所有制不动摇，坚持家庭承包经营基础性地位不动摇，保持农村土地承包关系稳定并长久不变，让农民吃上长效"定心丸"。

深化农村土地集体所有权、农户承包权、土地经营权"三权分置"改革，落实集体所有权、稳定农户承包权、放活土地经营权，维护承包农户使用、流转、抵押、退出承包地等各项权能，平等保护经营主体依流转合同取得的土地经营权，鼓励采用土地股份合作、土地托管、代耕代种等多种经营方式，探索更多放活土地经营权的有效途径。发展多种形式适度规模经营，鼓励新型农业经营主体在优化生产结构、采用推广先进技术、延伸产业链条上先行先试。

完善现代农业经营体系，坚持统分结合的双层经营体制，创新农业经营方式，丰富农业经营主体，推进家庭经营、集体经营、合作经营、企业经营共同发展，鼓励家庭农场、农民合作社、农业社会化服务组织等各类农业主体发展。完善承包地经营权流转价格形成机制，形成合理、双赢的土地流转价格，探索土地托管、土地入股分红等更加多样化的土地流转方式，通过更加稳定的利益联结机制保障双方在土地流转及生产经营过程中的合理收益。发展新型农村合作组织，鼓励农民自愿结合组成各种社会组织和合作经济组织。

大力发展多层次多类型的农业社会化服务体系，以市场需求为导向，以推进农业供给侧结构性改革为主线，以推进农业现代化为目标，聚焦大宗农产品生产、聚焦关键薄弱环节、聚焦服务普通农户，积极培育主体，创新服务模式，推进资源整合，完善支持政策，强化行业管理。

发展新型农村集体经济，深化农村集体产权制度改革，探索资源

党的十八大以来，我国新型农业经营主体保持良好发展势头

截至2023年10月底，纳入全国家庭农场名录管理的家庭农场近**400万**个，依法登记的农民合作社**221.6万**家，组建联合社**1.5万**家

全国超过**107万**个组织开展农业社会化服务，服务面积超过**19.7亿**亩次，服务小农户**9100多万**户

我国新型农业经营主体质量效益稳步提高，服务带动效应持续增强

① 稳粮保供作用凸显
② 产业结构持续优化
③ 经营服务水平提升
④ 规范运营程度提高
⑤ 指导服务体系更加健全

数据来源：农业农村部

发包、物业出租、居间服务、资产参股等新型农村集体经济发展的多样化途径，推进农村一二三产业融合发展，把产业链延伸环节更多留在乡村，把产业发展的增值收益更多留给农民。

三、完善强农惠农富农支持制度

1.推进乡村全面振兴

《决定》指出：坚持农业农村优先发展，完善乡村振兴投入机制。壮大县域富民产业，构建多元化食物供给体系，培育乡村新产业新业态。优化农业补贴政策体系，发展多层次农业保险。完善覆盖农村人口的常态化防止返贫致贫机制，建立农村低收入人口和欠发达地区分层分类帮扶制度。健全脱贫攻坚国家投入形成资产的长效管理机制。

运用"千万工程"经验，健全推动乡村全面振兴长效机制。

按照农业农村优先发展的原则，完善乡村振兴的多元投入机制，加大公共财政向乡村倾斜力度，把农业农村作为一般公共预算优先保障领域，稳步提高土地出让收益用于农业农村的比例，健全政府投资与金融、社会投入联动机制，加快形成财政优先保障、金融重点倾斜、社会积极参与的多元投入格局。

充分依托县域优势资源，延长既有产业链和价值链，在县域内形成参与度广、带动能力强、城乡融合、一二三产业融合的县域富民产业体系。

构建多元化食物供给体系，提高食物产品构成的多元化水平和食物来源结构的多元化水平，在确保粮食供给的同时，保障肉类、蔬菜、水果、水产品等各类食物有效供给，拓宽食物供给渠道，加强对非常规农业生产空间的开发和利用，进一步开发草原森林海洋资源，挖掘微生物和生物工程技术潜力。培育乡村新产业新业态，发展基于乡村的生态、文化、休闲旅游产品，加快乡村产业提档升级，挖掘农业和乡村多元价值。

强化高质量发展和绿色生态导向，构建新型农业补贴政策体系，调整优化"绿箱"、"黄箱"和"蓝箱"支持政策，提高农业补贴政策精准性、稳定性和时效性。稳妥有序推进农产品收入保险，健全农业再保险制度，鼓励各地因地制宜发展优势特色农产品保险。

完善常态化防止返贫致贫机制，对脱贫不稳定户、边缘易致贫户，以及因病因灾因意外事故等导致基本生活出现严重困难户，开展常态化监测预警，建立健全快速发现和响应机制，分层分类及时纳入帮扶政策范围，开展定期核查，实行动态清零。对脱贫攻坚期内形成的扶贫项目资产进行全面摸底，按照经营性资产、公益性资产、到户类资产等分类建立管理台账，探索多样化的资产运营和管理模式，确保扶贫项目资产在推进乡村全面振兴中持续发挥效益。

"绿箱"、"黄箱"和"蓝箱"支持政策

世界贸易组织《农业协议》将所有国内支持措施按照对生产和贸易影响的不同划分成不同类别，形象地以"绿箱"政策、"黄箱"政策和"蓝箱"政策进行区分，并作出了不同的规定

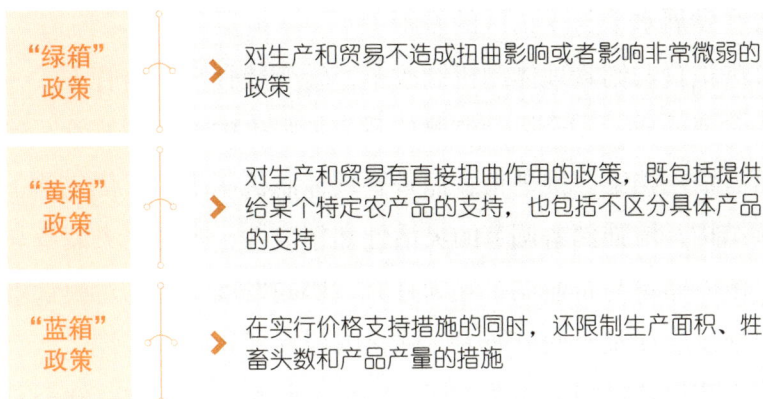

"绿箱"政策	对生产和贸易不造成扭曲影响或者影响非常微弱的政策
"黄箱"政策	对生产和贸易有直接扭曲作用的政策，既包括提供给某个特定农产品的支持，也包括不区分具体产品的支持
"蓝箱"政策	在实行价格支持措施的同时，还限制生产面积、牲畜头数和产品产量的措施

学习运用"千万工程"经验、有力有效推进乡村全面振兴。集中力量办好办成一批农民可感可及的实事，聚焦产业就业发力促进农民增收，找准抓手载体务实推进乡村治理，由表及里培育文明乡风，以科学规划引领宜居宜业和美乡村建设。

2. 健全种粮农民收益保障机制

《决定》指出：加快健全种粮农民收益保障机制，推动粮食等重要农产品价格保持在合理水平。统筹建立粮食产销区省际横向利益补偿机制，在主产区利益补偿上迈出实质步伐。统筹推进粮食购销和储备管理体制机制改革，建立监管新模式。健全粮食和食物节约长效机制。

构建价格、补贴、保险"三位一体"的种粮农民收益保障政策体系，以确保口粮绝对安全、防止谷贱伤农为底线，稳步提高稻谷、小麦最低收购价，完善收购启动机制，在粮食播种之前公布最低收购价

格，稳定种粮农民的收益预期。

在建立粮食产销区省际横向利益补偿机制上迈出实质性步伐，推动粮食主产区、主销区、产销平衡区落实好保障粮食安全的共同责任，主销区要支持主产区稳定发展粮食生产，改变主产区"经济弱县、财政穷县"的面貌和产粮越多财政负担越重的困境，缩小主产区经济社会发展水平与主销区的差距。

推进粮食购销管理体制机制改革，转变粮食流通监管方式，建立健全粮食流通质量安全风险监测体系，加强事中、事后监管，建立粮食经营者信用档案。推进粮食储备管理体制机制改革，优化储备布局和品种结构，增强储备调节的灵活性和精准性，推动中央储备与地方储备、政府储备与企业储备互为补充、协同发展，提升对粮食市场波动的快速反应和及时调节能力，强化内控管理和外部监督。

建立节粮减损制度体系、标准体系和监测体系，建立健全节约用餐机制，深入开展"光盘行动"，有效遏制食品浪费。

四、深化土地制度改革

1.深化土地制度改革

《决定》指出：改革完善耕地占补平衡制度，各类耕地占用纳入统一管理，完善补充耕地质量验收机制，确保达到平衡标准。完善高标准农田建设、验收、管护机制。健全保障耕地用于种植基本农作物管理体系。允许农户合法拥有的住房通过出租、入股、合作等方式盘活利用。有序推进农村集体经营性建设用地入市改革，健全土地增值收益分配机制。

健全耕地占补平衡改革政策体系，改革耕地占补平衡管理方式。

按照"国家管总量、省级负总责、市县抓落实"的要求，建立分级负责、职责明确、监管有力的占补平衡责任落实机制，将以往非农建设占用耕地落实占补平衡扩展到各类占用耕地均要落实占补平衡，由"小占补"变为"大占补"，严格控制跨省域补充耕地规模，从严规范省域内补充耕地指标调剂管理，健全补充耕地质量验收制度，加强补充耕地质量管理，强化质量刚性约束。在尊重农民意愿和土地权利人合法权益的前提下，稳妥有序恢复部分耕地，稳定耕地总量，优化耕地布局。

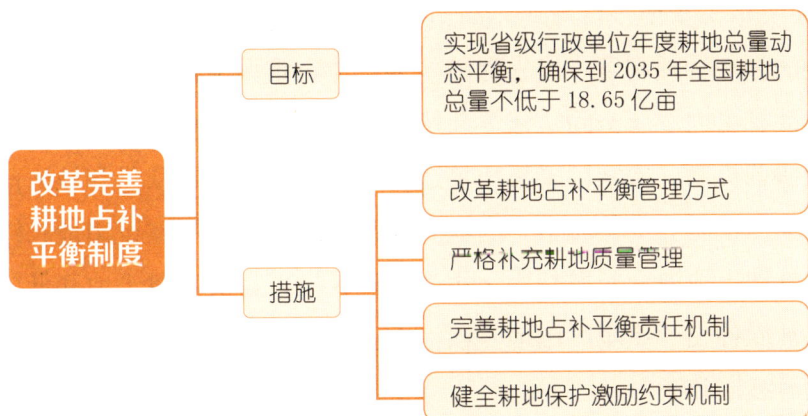

改革完善耕地占补平衡制度

目标：实现省级行政单位年度耕地总量动态平衡，确保到2035年全国耕地总量不低于18.65亿亩

措施：
- 改革耕地占补平衡管理方式
- 严格补充耕地质量管理
- 完善耕地占补平衡责任机制
- 健全耕地保护激励约束机制

完善高标准农田建设、验收、管护机制，严格补充耕地管理。大力推进农田水利和高标准农田建设，强化财政资金保障，拓宽多元化投入渠道，完善工程质量和安全监督体系，逐步把永久基本农田全部建成高标准农田，实事求是确定建设范围和优先序，严把监管和验收质量关，完善管护机制，强化长期跟踪监测，确保建一亩成一亩。

健全保障耕地用于种植基本农作物管理体系，健全耕地农用、良田粮用的制度机制。把严禁耕地"非农化"、防止耕地"非粮化"全面纳入粮食安全省长责任制考核、省级政府耕地保护责任目标考核，将粮食生产目标任务分解到市县，综合运用国土卫星遥感技术，开展区域耕地种粮情况动态监测，将倾向性、苗头性的问题消灭在萌芽状态。

完善农民闲置宅基地和闲置农房政策，允许农户以出租、入股、合作等方式盘活资源，为促进农民增收、壮大村集体经济开辟新渠道。

有序推进农村集体经营性建设用地入市，统一国有建设用地与农村集体经营性建设用地市场交易规则，建立农村集体经营性建设用地公开交易的平台和制度。

2. 优化土地管理

《决定》指出：优化土地管理，健全同宏观政策和区域发展高效衔接的土地管理制度，优先保障主导产业、重大项目合理用地，使优势地区有更大发展空间。建立新增城镇建设用地指标配置同常住人口增加协调机制。探索国家集中垦造耕地定向用于特定项目和地区落实占补平衡机制。优化城市工商业土地利用，加快发展建设用地二级市场，推动土地混合开发利用、用途合理转换，盘活存量土地和低效用地。开展各类产业园区用地专项治理。制定工商业用地使用权延期和到期后续期政策。

健全同宏观政策、区域发展更加高效衔接的土地管理制度，统筹好区域经济布局和国土空间利用，立足各地功能定位和资源禀赋，提高土地要素配置精准性和利用效率，推动形成主体功能约束有效、国土开发协调有序的空间发展格局，提升土地要素对优势地区高质量发展保障能力，更好发挥优势地区示范引领作用。

建立科学合理的人地挂钩机制政策体系，提高农业转移人口市民化用地保障水平，建立新增城镇建设用地指标配置同常住人口增加协调机制，实现土地城镇化与人口城镇化相协调。

探索国家集中垦造耕地定向用于特定项目和地区落实占补平衡机制，减轻地方用地指标负担，提高地方配合国家重大项目落地的积极性。

建立产权明晰、市场定价、信息集聚、交易安全、监管有效的土地二级市场，提高土地资源配置效率，形成一二级市场协调发展、规范有序、资源利用集约高效的现代土地市场体系。推动各类存量土地和低效用地再开发，推动城乡发展从增量依赖向存量挖潜转变。

加快发展建设用地二级市场

建设用地二级市场是建设用地使用权人之间交易的市场，包括建设用地使用权的转让、出租、抵押等

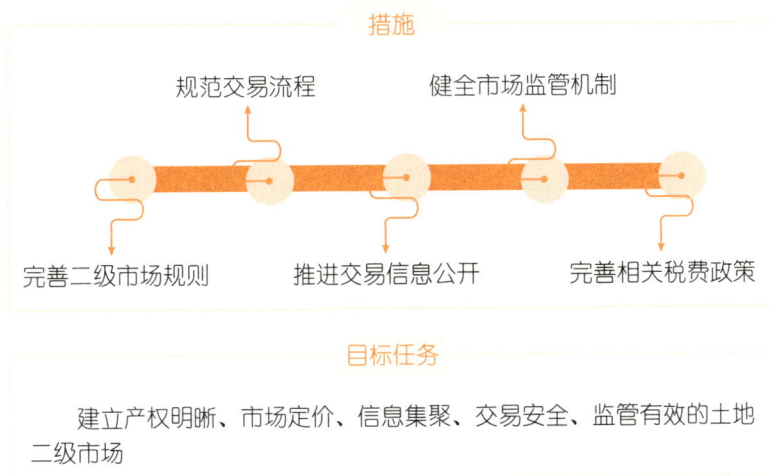

措施

规范交易流程   健全市场监管机制

完善二级市场规则   推进交易信息公开   完善相关税费政策

目标任务

建立产权明晰、市场定价、信息集聚、交易安全、监管有效的土地二级市场

开展各类产业园区用地专项治理，坚持土地节约集约利用原则，提升园区产业用地效益，破解产业用地难题，走产业高质量集约发展道路。

制定工商业用地使用权延期和到期后续期政策，解决工业用地和商业用地使用权分别即将或者已经达到 50 年和 40 年出让最高年限后的现实问题。

第七讲

完善高水平对外开放体制机制

一　稳步扩大制度型开放

二　深化外贸体制改革

三　深化外商投资和对外投资管理体制改革

四　优化区域开放布局

五　完善推进高质量共建"一带一路"机制

《决定》指出：开放是中国式现代化的鲜明标识。必须坚持对外开放基本国策，坚持以开放促改革，依托我国超大规模市场优势，在扩大国际合作中提升开放能力，建设更高水平开放型经济新体制。

对外开放是我国的基本国策，是国家繁荣发展的必由之路。改革与开放相辅相成、相互促进。实行高水平对外开放、建设更高水平开放型经济新体制，是顺应发展环境变化作出的战略选择，是完善社会主义市场经济体制、以高水平开放促进深层次市场化改革的内在要求。

一、稳步扩大制度型开放

1. 扩大高水平开放

《决定》指出：主动对接国际高标准经贸规则，在产权保护、产业补贴、环境标准、劳动保护、政府采购、电子商务、金融领域等实现规则、规制、管理、标准相通相容，打造透明稳定可预期的制度环境。扩大自主开放，有序扩大我国商品市场、服务市场、资本市场、劳务市场等对外开放，扩大对最不发达国家单边开放。深化援外体制机制改革，实现全链条管理。

以推动加入《全面与进步跨太平洋伙伴关系协定》（CPTPP）和《数字经济伙伴关系协定》（DEPA）为契机，主动对接国际高标准经

　　制度型开放是我国推动新一轮高水平对外开放的重要指向，是以规则、规制、管理、标准为主的开放，是一种更高层次、更高水平的开放。当前，我国开放型经济进入高质量发展新阶段，更加需要形成持续、稳定、长远的高水平开放型经济制度安排。坚持守正创新，推动制度型开放是新发展格局下我国改革开放的必然要求，是破除阻滞经济循环堵点卡点的重要举措，是深度融入新一轮经济全球化发展的重要路径，是积极参与全球治理的大国担当。要深入贯彻党的二十届三中全会精神，在扩大国际合作中提升开放能力，以高水平对外开放促进深层次改革。

　　（摘编自《守正创新稳步扩大制度型开放》，《经济日报》2024年7月21日）

贸规则，既持续深化商品、服务、资金、人才等要素流动型开放，又稳步拓展规则、规制、管理、标准等制度型开放，构建与国际通行规则相衔接的制度体系和监管模式，提升便利化，增加透明度。

　　自主有序扩大我国商品市场、服务市场、资本市场、劳务市场等对外开放，继续放宽市场准入，完善准入前国民待遇加负面清单管理制度，扩大鼓励外商投资范围，缩减外资准入负面清单，健全外资服务体系。扩大对最不发达国家单边开放，帮助最不发达国家更好融入全球经济，实现经济转型，做最不发达国家振兴发展的坚定支持者和积极推动者。

　　建立高效的援外管理体制，国家国际发展合作署负责援外研究、援外决策、援外监督、援外评估、援外国际交流职能，商务部等援外

扩大自主开放，扩大对最不发达国家单边开放

扩大自主开放是新时代对外开放的重要特征

扩大单边开放是我国对最不发达国家的一贯政策

执行部门负责援外实施管理，外交部负责援外建议，驻外使领馆（团）负责境外协助。加强援外工作的统筹协调，加强援外顶层制度设计，优化援外战略部署、决策实施的协调工作，推进援外管理制度化，提升援外工作效果。

2. 加强国际合作

《决定》指出：维护以世界贸易组织为核心的多边贸易体制，积极参与全球经济治理体系改革，提供更多全球公共产品。扩大面向全球的高标准自由贸易区网络，建立同国际通行规则衔接的合规机制，优化开放合作环境。

坚定不移维护多边贸易体制，维护世界贸易组织基本原则，维护发展中国家的合法权益，坚持通过磋商协作的方式妥善处理经贸摩擦，摒弃贸易保护主义和双重标准，积极维护开放型世界经济体制，推动全球经济治理体系更加平衡地反映大多数国家特别是新兴市场国家和发展中国家的意愿和利益，推动经济全球化朝着更加开放、包容、普惠、平衡、共赢的方向发展。

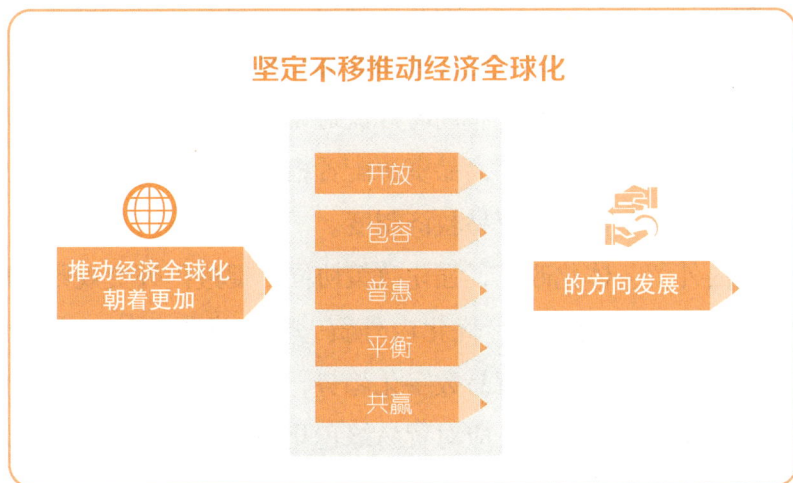

坚定不移推动经济全球化

推动经济全球化朝着更加　→　开放　包容　普惠　平衡　共赢　→　的方向发展

通过双边、多边等方式完善国际经贸规则和制度，推动构建面向全球的高标准自由贸易区网络，形成以自由贸易区、优惠贸易安排和贸易投资便利化为载体，涵盖多个地区的区域经济合作格局，推进《区域全面经济伙伴关系协定》（RCEP），推动贸易和投资自由化便利化，积极解决全球发展失衡、数字鸿沟等问题，努力为建设开放型世界经济作出贡献。主动对接国际通行规则，优化与国际通行规则相衔接的制度体系和监管模式，建立合规机制。

二、深化外贸体制改革

1. 加快发展货物贸易

《决定》指出：强化贸易政策和财税、金融、产业政策协同，打造贸易强国制度支撑和政策支持体系，加快内外贸一体化改革，积极应对贸易数字化、绿色化趋势。推进通关、税务、外汇等监管创新，营造有利于新业态新模式发展的制度环境。创新发展数字贸易，推进跨境电商综合试验区建设。建设大宗商品交易中心，建设全球集散分拨中心，支持各类主体有序布局海外流通设施，支持有条件的地区建设国际物流枢纽中心和大宗商品资源配置枢纽。健全贸易风险防控机制，完善出口管制体系和贸易救济制度。

加快内外贸一体化改革，强化政策协同，促进内外贸规则制度衔接、内外贸市场渠道对接，优化内外贸一体化发展环境，支持外贸企业拓展国内市场。应对贸易数字化趋势，加快贸易全链条数字化赋能，提升贸易数字化水平；应对贸易绿色化趋势，推进传统出口产业节能减排和绿色低碳发展。

推进监管创新，按照包容审慎和协同监管原则，为新业态新模式营造规范有序、良好宽松的发展环境。

推进数字贸易制度型开放，加快建立数据资源产权、交易流通、跨境传输、安全保护等基础制度和标准规范。在数字服务市场准入、国际规则对接、跨境数据流动、数据规范化采集和分级分类监管等方面先行先试，积极参与全球数字贸易治理，探索建立以自由流动为基本原则、统筹安全和个人信息保护的数据跨境流动治理体系。促进跨境电商健康持续创新发展，推进跨境电商综合试验区建设，鼓励引导多元主体建设海外仓，优化跨境电商零售进口监管，推动跨境电商业态升级。

完善全球物流基础设施网络，加强境外相关基础设施和物流体系建设，为构建全球物资流通体系提供战略支撑。

加强对重大外部风险的科学评估和预案应对，充分运用出口信用保险、贸易信贷、国际仲裁等手段为微观主体提供有效的风险保护机制，维护贸易安全、防控贸易风险，构建设计科学、运转有序、执行有力的现代化出口管制体系，实现全覆盖、全链条、全方位的有效监管。完善以《中华人民共和国对外贸易法》为基础、以《中华人民共

创新发展数字贸易要把握四个重点

创新发展数字贸易，要统筹协调各部门力量，形成促进数字贸易发展合力

1 分领域支持数字贸易发展

2 推进数字贸易制度型开放

3 完善数字贸易治理体系

4 加强数字贸易规则构建

和国反倾销条例》《中华人民共和国反补贴条例》《中华人民共和国保障措施条例》为核心的贸易救济制度体系，实施基于国际规则的贸易救济政策，统筹处理贸易救济与贸易保护、技术壁垒等的关系。

2. 创新发展服务贸易

《决定》指出：创新提升服务贸易，全面实施跨境服务贸易负面清单，推进服务业扩大开放综合试点示范，鼓励专业服务机构提升国际化服务能力。加快推进离岸贸易发展，发展新型离岸国际贸易业务。建立健全跨境金融服务体系，丰富金融产品和服务供给。

推进服务贸易深层次改革、高水平开放、全方位创新，健全跨境服务贸易负面清单管理制度，加快形成服务贸易开放合作制度体系，以制度型开放为重点扩大服务业开放。

支持在海南自由贸易港、自由贸易试验区以及其他具备条件的地方，发展所涉货物不进出我国一线关境或不纳入我国海关统计的离岸贸易，探索培育一批风险控制能力强、内部合规制度健全的离岸贸易经营主体，推动建立全国性或区域性离岸贸易行业组织。

建立健全跨境金融服务体系，鼓励银行优化金融服务，丰富产品供给，延伸覆盖范围，满足市场需求，为外贸企业提供坚实的资金支持和便捷的结算服务，有效分散和化解跨境贸易和投资面临的汇率风险、信用风险。

三、深化外商投资和对外投资管理体制改革

《决定》指出：营造市场化、法治化、国际化一流营商环境，依法保护外商投资权益。扩大鼓励外商投资产业目录，合理缩减外资准入负面清单，落实全面取消制造业领域外资准入限制措施，推动电信、互联网、教育、文化、医疗等领域有序扩大开放。深化外商投资促进体制机制改革，保障外资企业在要素获取、资质许可、标准制定、政府采购等方面的国民待遇，支持参与产业链上下游配套协作。完善境外人员入境居住、医疗、支付等生活便利制度。完善促进和保障对外投资体制机制，健全对外投资管理服务体系，推动产业链供应链国际合作。

完善市场体系、推进法治建设、加快规则对接，实现对内外资一

营造市场化、法治化、国际化一流营商环境的具体要求

完善现代市场体系	▶▶	营造公平高效的市场化营商环境
深入推进法治建设	▶▶	营造公开透明的法治化营商环境
加快制度型开放	▶▶	营造开放包容的国际化营商环境

视同仁、平等对待，推动内外资市场主体公平竞争，营造稳定公平透明、可预期的营商环境。保护外商投资权益，完善外商投资企业投诉工作机制，加大投诉受理协调工作力度，建立健全重点领域知识产权侵权快速查处机制，建立完善外商投资纠纷多元化解决制度。

扩大鼓励外商投资产业目录，合理缩减外商投资准入负面清单，落实全面取消制造业领域外资准入限制措施，扩大银行保险领域外资金融机构准入，开展放宽科技创新领域外商投资准入试点，积极支持把集成电路、生物医药、高端装备等领域外资项目纳入重大和重点外资项目清单，允许享受相应支持政策。

深化外商投资促进体制机制改革，健全外商投资公共服务体系，创新和优化招商引资方式，发挥投资促进合作机制作用。落实好外资企业国民待遇，保障外资企业依法平等参与境内的各项经济活动，及时处理政府采购、招标投标、资质许可、标准制定、享受补贴等领域对外商投资企业的歧视行为。

完善境外人员生活便利制度，简化外籍人士绑定国内移动支付系统程序，构建"大额刷卡、小额扫码、现金兜底"的多元支付环境，将外国护照、外国人永久居留身份证等纳入认可使用的证件范围，推进相关信息系统和设施设备的适配性、兼容性改造。

完善促进和保障对外投资体制机制，加快从核准制向备案制转变，减少对外投资审批环节，从注重事前审批转向事中、事后监管，加强税收、外汇、保险、海关、信息、法律、融资、保险等服务，为企业创造更加良好的便利化条件。引导和规范企业境外投资方向，促进企业合理有序开展境外投资活动，加强对企业赴高风险国家和地区投资的指导和监督，防范和应对境外投资风险。

积极探索构建全球供应链新生态，推动全球创新和开放合作，加强我国全球制造和供应链重要中心的地位，共同构筑安全稳定、畅通高效、开放包容、互利共赢的全球产业链供应链体系。

四、优化区域开放布局

1.加快形成全面开放格局

《决定》指出：巩固东部沿海地区开放先导地位，提高中西部和东北地区开放水平，加快形成陆海内外联动、东西双向互济的全面开放格局。发挥沿海、沿边、沿江和交通干线等优势，优化区域开放功能分工，打造形态多样的开放高地。实施自由贸易试验区提升战略，鼓励首创性、集成式探索。加快建设海南自由贸易港。

改变东快西慢、沿海强内陆弱的开放状况，拓展和优化区域开放的空间布局，在深化沿海开放的同时，推动内陆和沿边地区从开放的

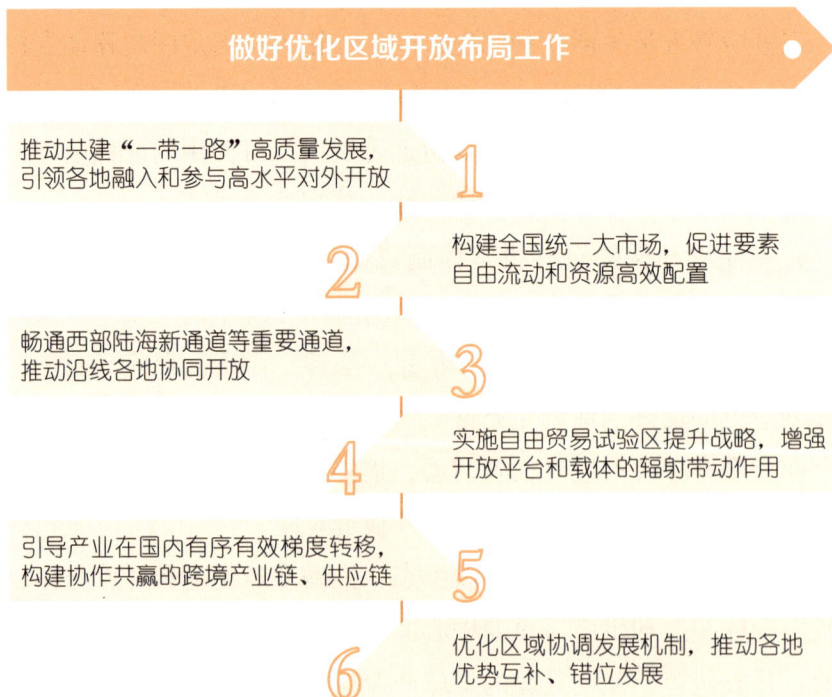

做好优化区域开放布局工作

1 推动共建"一带一路"高质量发展，引领各地融入和参与高水平对外开放

2 构建全国统一大市场，促进要素自由流动和资源高效配置

3 畅通西部陆海新通道等重要通道，推动沿线各地协同开放

4 实施自由贸易试验区提升战略，增强开放平台和载体的辐射带动作用

5 引导产业在国内有序有效梯度转移，构建协作共赢的跨境产业链、供应链

6 优化区域协调发展机制，推动各地优势互补、错位发展

洼地变为开放的高地，引导沿海内陆开放优势互补、协同发展，形成陆海内外联动、东西双向互济的全面开放格局。

充分发挥沿海、沿边、沿江各类开放平台扩大对外开放前沿阵地作用，拓宽开放领域、加深开放层次、创新开放方式、提升开放质量，打造开放层次更高、营商环境更优、辐射作用更强、形态更加多样的开放新高地。

加快推进海南自由贸易港建设，实施自由贸易试验区提升战略，进一步发挥自由贸易试验区和自由贸易港全面深化改革和扩大开放试验田作用，在营造优良投资环境、提升贸易便利化水平、推动金融创新服务实体经济等领域大胆探索、先行先试。

2. 支持港澳发展、深化两岸融合发展

《决定》指出：发挥"一国两制"制度优势，巩固提升香港国际金融、航运、贸易中心地位，支持香港、澳门打造国际高端人才集聚高地，健全香港、澳门在国家对外开放中更好发挥作用机制。深化粤港澳大湾区合作，强化规则衔接、机制对接。完善促进两岸经济文化交流合作制度和政策，深化两岸融合发展。

支持香港提升国际航空枢纽地位，加快建设香港国际创新科技中心和区域知识产权贸易中心，加强澳门世界旅游休闲中心、中国与葡语国家商贸合作服务平台建设，努力把香港、澳门打造成国家双向开放的重要桥头堡。拓展全球人才到香港、澳门干事创业渠道，支持香港、澳门打造国际高端人才集聚高地。

深化粤港澳大湾区合作，充分发挥深圳前海、广州南沙、珠海横琴等重大合作平台作用，完善区域协同创新体系，推动重点领域和关键环节改革取得新突破，促进各类要素在粤港澳大湾区便捷流动和优化配置，建立互利共赢的区域合作关系，实现区域经济协同发展，促进港澳更好融入国家发展大局，建设富有活力和国际竞争

力的一流湾区和世界级城市群。

促进两岸经济文化交流合作，深化两岸各领域融合发展，让台湾同胞率先分享中国式现代化发展机遇、共享祖国大陆发展进步成果。坚持把高质量发展要求贯穿两岸经济及各领域交流合作、融合发展全过程，始终尊重、关爱、造福台湾同胞，持续完善增进台湾同胞福祉的制度和政策，扩大两岸民众的受益面和获得感。

五、完善推进高质量共建
"一带一路"机制

《决定》指出：继续实施"一带一路"科技创新行动计划，加强绿色发展、数字经济、人工智能、能源、税收、金融、减灾等领域的多边合作平台建设。完善陆海天网一体化布局，构建"一带一路"立体互联互通网络。统筹推进重大标志性工程和"小而美"民生项目。

深入实施"一带一路"科技创新行动计划，充分利用专业领域多边合作平台开展务实合作，推进国际科技创新交流，与各国共同挖掘创新增长潜力，激发创新合作潜能，强化创新伙伴关系，促进创新成果更多惠及各国人民，助力共建"一带一路"高质量发展。

以"六廊六路多国多港"为基本架构，加快推进多层次、复合型基础设施网络建设，基本形成"陆海天网"四位一体的互联互通格局。

充分发挥基础设施建设综合优势，持续打造中外合作标志性工程，帮助发展中国家缩小基础设施鸿沟。同时，继续推动更多"小而美"民生项目在国外落地生根、开花结果，继续深入开展"鲁班工坊""万村通""光明行"等民生工程，帮助发展中国家民众改善生活条件，增进民生福祉。

第八讲

健全全过程人民民主制度体系

一　加强人民当家作主制度建设

二　健全协商民主机制

三　健全基层民主制度

四　完善大统战工作格局

《决定》指出：发展全过程人民民主是中国式现代化的本质要求。必须坚定不移走中国特色社会主义政治发展道路，坚持和完善我国根本政治制度、基本政治制度、重要政治制度，丰富各层级民主形式，把人民当家作主具体、现实体现到国家政治生活和社会生活各方面。

全过程人民民主是社会主义民主政治的本质属性，是最广泛、最真实、最管用的民主。全过程人民民主，是中国共产党团结带领人民追求民主、发展民主、实现民主的伟大创造，是党不断推进中国民主理论创新、制度创新、实践创新的经验结晶。全过程人民民主不仅有完整的制度程序，而且有完整的参与实践，实现了过程民主和成果民主、程序民主和实质民主、直接民主和间接民主、人民民主和国家意志相统一，具有时间上的连续性、内容上的整体性、运行上的协同性、人民参与上的广泛性和持续性，是全链条、全方位、全覆盖的民主。

一、加强人民当家作主制度建设

《决定》指出：坚持好、完善好、运行好人民代表大会制度。健全人大对行政机关、监察机关、审判机关、检察机关监督制度，完善监督法及其实施机制，强化人大预算决算审查监督和国有资产管理、政府债务管理监督。健全人大议事规则和论证、评估、评议、听证制度。丰富人大代表联系人民群众的内容和形式。健全吸纳民意、汇集民智工作机制。发挥工会、共青团、妇联等群团组织联系服务群众的桥梁纽带作用。

人民当家作主是社会主义民主政治的本质和核心，是我们党始终不渝的奋斗目标。发展中国特色社会主义民主，就是要体现人民意志、保障人民权益、激发人民创造活力，用制度体系保障人民当家作主。

支持和保证人民通过人民代表大会行使国家权力，保证各级人大都由民主选举产生、对人民负责、受人民监督。支持和保证人大及其常委会依法行使立法权、监督权、决定权、任免权，健全人大对行政机关、监察机关、审判机关、检察机关监督制度，坚持正确监督、有效监督、依法监督，正确处理好人大监督与支持"一府一委两院"依法行使职权的关系，紧紧围绕党和国家工作大局，严格依照法定权限和程序，强化问题导向，完善监督机制，推动解决问题，把监督与支

权威声音

习近平（中共中央总书记、国家主席、中央军委主席）：人民代表大会制度是实现我国全过程人民民主的重要制度载体。要在党的领导下，不断扩大人民有序政治参与，加强人权法治保障，保证人民依法享有广泛权利和自由。要保证人民依法行使选举权利，民主选举产生人大代表，保证人民的知情权、参与权、表达权、监督权落实到人大工作各方面各环节全过程，确保党和国家在决策、执行、监督落实各个环节都能听到来自人民的声音。要完善人大的民主民意表达平台和载体，健全吸纳民意、汇集民智的工作机制，推进人大协商、立法协商，把各方面社情民意统一于最广大人民根本利益之中。要加强对中国特色社会主义民主、对人民代表大会制度的研究宣传工作，讲清楚我国政治制度的特点和优势，讲好中国民主故事。

持结合起来，拓展监督形式，凝聚监督合力，增强监督效果。

完善人大预算审查批准制度，深化人大预算审查监督重点向支出预算和政策拓展改革，加强预算决算全口径审查和全过程监管，强化对重要财税政策、重点专项资金、重大投资项目、转移支付、预算绩效等的审查监督。加强对国有资产管理情况的监督，建立健全监督机制，实行全口径、全覆盖国有资产管理情况报告制度。进一步完善全国人大的组织制度、会议制度和工作程序，加强人大代表工作能力建设，密切人大代表同人民群众的联系。

不断拓展民主参与的广度和深度，完善人民通过法定途径、方式、程序参与国家治理各方面各环节工作的制度机制，更加充分保障人民的知情权、参与权、表达权、监督权，确保党和国家在决策、执行、

全国人大常委会支持和保障人大代表当好党和国家联系人民群众的桥梁

截至2023年底，十四届全国人大常委会组成人员直接联系400多位代表；邀请273人次代表列席常委会会议；召开5次列席人员座谈会，106人次代表提出242条意见建议

2023年，全国人大常委会健全法律草案征求代表意见机制，23件次法律草案通过全国人大代表工作信息化平台征求代表意见，2985人次代表提出意见建议

设立全国人大常委会代表工委，推动地方人大加强同本行政区域全国人大代表的联系，建好用好代表之家、代表联络站及网上代表家站等各类平台，推动与基层立法联系点、预算工委基层联系点等功能融合，密切代表同人民群众的联系

2023年，全国人大常委会邀请51人次代表参加全国人大常委会组织的5部法律的执法检查，组织20个省（区、市）474人次代表围绕执法检查开展专题调研；统筹组织1950人次代表深入一线，开展161次专题调研，形成120篇专题调研报告

资料来源：新华社

监督落实各个环节都能听到来自人民的声音，最大限度吸纳民意、汇集民智、凝聚民力。

健全群团组织联系和服务群众的工作体系，在坚持政治性、先进性的前提下更好地体现群众性，主动想群众之所想、急群众之所急，在党委和政府同所联系群众之间建立畅通稳定的双向沟通渠道，倾听群众的呼声、反映群众的意愿，发挥好党联系服务群众的桥梁和纽带作用。

二、健全协商民主机制

1. 发挥人民政协作用

《决定》指出：发挥人民政协作为专门协商机构作用，健全深度协商互动、意见充分表达、广泛凝聚共识的机制，加强人民政协反映社情民意、联系群众、服务人民机制建设。完善人民政协民主监督机制。

人民政协是中国共产党领导的多党合作和政治协商的重要机构，是实行我国新型政党制度的重要政治形式和组织形式。要发挥人民政协作为专门协商机构作用，加强制度化、规范化、程序化等功能建设，完善人民政协民主监督机制，不断推进理论创新、制度创新和工作创新。

不断完善制度机制，进一步提高人民政协政治协商、民主监督、参政议政的水平，为推进中国式现代化广泛凝聚各方面智慧和力量。坚持发扬民主和增进团结相互贯通、建言资政和凝聚共识双向发力，提高深度协商互动、意见充分表达、广泛凝聚共识水平。完善委员联系界别群众的制度机制，倾听群众呼声、反映群众愿望，畅通和拓宽各界群众的利益诉求表达渠道，结合实际搭建对话交流、恳谈沟通的平台，用好互联网、大数据等现代信息技术开展调查研究，协助党和政府协调关系、理顺情绪、化解矛盾，不断提高人民政协协商民主制度化、规范化、程序化水平，更好协调关系、汇聚力量、建言献策、服务大局。

立足协商式监督定位，完善人民政协民主监督机制，健全会议监督、视察监督、提案监督、专项监督等监督方式，坚持形式与内容相匹配，寓监督于协商会议、视察、提案、专题调研、大会发言、反映社情民意信息等活动之中，结合实际积极探索创新民主监督的方式方法，规范监督程序，增强监督实效。

2. 发展协商民主

《决定》指出：完善协商民主体系，丰富协商方式，健全政党协商、人大协商、政府协商、政协协商、人民团体协商、基层协商以及社会组织协商制度化平台，加强各种协商渠道协同配合。健全协商于决策之前和决策实施之中的落实机制，完善协商成果采纳、落实、反馈机制。

社会主义协商民主，是在中国共产党领导下，人民内部各方面围绕改革发展稳定重大问题和涉及群众切身利益的实际问题，在决策之前和决策实施之中开展广泛协商，努力形成共识的重要民主形式。协商民主是实践全过程人民民主的重要形式，是中国社会主义民主政治中独特的、独有的、独到的民主形式，极大地丰富了民主的形式、拓宽了民主的渠道、加深了民主的内涵。党的十八大以来，协商民主的渠道、内容、方式、运行机制等不断丰富发展，形成中国特色协商民主体系，各民主党派、人民团体、社会阶层通过协商民主渠道参政议政的能力、水平和效果都达到了新的高度。

协商民主，具体包括政党协商、人大协商、政府协商、政协协商、人民团体协商、基层协商和社会组织协商七种协商渠道。要建立健全提案、会议、座谈、论证、听证、公示、评估、咨询、网络等多种协商方式，按照科学合理、规范有序、简便易行、民主集中的要求，根据不同协商渠道优势特点，分类制定制度规范、实施步骤和工作规则，规范协商计划、明确协商议题、确定协商人员、促进协商反馈。各领域各层级在改革发展稳定等重大问题决策前和决策过程中，要进行充分协商，尽可能就共同性问题取得一致意见，畅通各种利益要求和诉求进入决策程序的渠道，为党科学执政、民主执政、依法执政提供重要支撑和保障。

我国协商民主的七种协商渠道

政党协商　政府协商　人民团体协商　社会组织协商

人大协商　政协协商　基层协商

三、健全基层民主制度

《决定》指出：健全基层党组织领导的基层群众自治机制，完善基层民主制度体系和工作体系，拓宽基层各类组织和群众有序参与基层治理渠道。完善办事公开制度。健全以职工代表大会为基本形式的企事业单位民主管理制度，完善企业职工参与管理的有效形式。

基层党组织领导的基层群众自治机制，以村民自治制度、居民自治制度为主要内容，人民群众在基层党组织的领导和支持下，依法直

针对健全
基层民主制度
提出的改革
举措

健全 基层党组织领导的基层群众
自治机制

完善 办事公开制度

健全 以职工代表大会为基本形式的
企事业单位民主管理制度

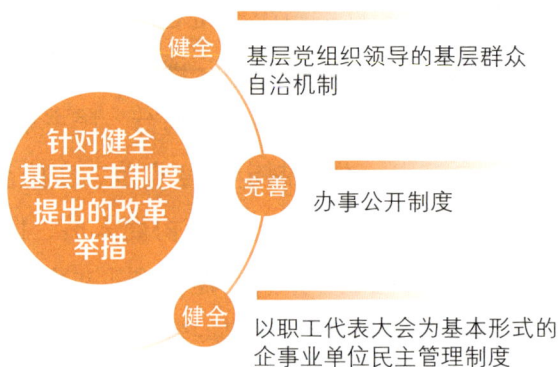

接行使民主权利，实现自我管理、自我服务、自我教育、自我监督。基层群众自治机制增强了基层群众的民主意识，提高了基层群众的民主能力，培养了基层群众的民主习惯，有效防止了人民形式上有权、实际上无权的现象，充分彰显了人民民主的广泛性和真实性，为建设人人有责、人人尽责、人人享有的基层治理共同体提供了坚实制度保障。一要加强基层组织建设，完善基层直接民主制度体系和工作体系，增强城乡社区群众自我管理、自我服务、自我教育、自我监督的实效。二要探索创新基层群众自治实现途径，深入开展以居民会议、议事协商、民主听证等为主要形式的民主决策实践，以村务公开、居务公开、民主评议等为主要内容的民主监督实践，努力做到民事民议、民事民办、民事民管，让群众成为基层社会治理的参与者、受益者，全面推进基层群众自治制度化、规范化、程序化，引导人民群众依法行使民主权利。

完善办事公开制度，拓宽基层各类群体有序参与基层治理渠道，保障人民依法管理基层公共事务和公益事业。

职工代表大会等制度是体现工人阶级地位的重要形式，职工代表大会在企事业单位重大决策和涉及职工切身利益等重大事项上发挥着积极作用。要全心全意依靠工人阶级，健全以职工代表大会为基本形式的企事业单位民主管理制度，探索领导接待日、劳资恳谈会、领导信箱等形式，反映职工诉求、协调劳动关系和保障职工合法权益，有效维护职工合法权益。

四、完善大统战工作格局

《决定》指出：完善发挥统一战线凝聚人心、汇聚力量政治作用的政策举措。坚持好、发展好、完善好中国新型政党制度。更好发挥党外人士作用，健全党外代表人士队伍建设制度。制定民族团结进步促进法，健全铸牢中华民族共同体意识制度机制，增强中华民族凝聚力。系统推进我国宗教中国化，加强宗教事务治理法治化。完善党外知识分子和新的社会阶层人士政治引领机制。全面构建亲清政商关系，健全促进非公有制经济健康发展、非公有制经济人士健康成长工作机制。完善港澳台和侨务工作机制。

人心是最大的政治，统一战线是凝聚人心、汇聚力量、克敌制胜、执政兴国的强大法宝，也是团结海内外全体中华儿女实现中华民族伟大复兴的重要法宝。要完善大统战工作格局，坚持大团结大联合，发挥好统战部门了解情况、掌握政策、协调关系、安排人事、增进共识、加强团结等职能作用，寻求最大公约数，画出最大同心圆，动员全体中华儿女围绕实现中华民族伟大复兴中国梦一起来想、一起来干。

我国新型政党制度，新在它是马克思主义政党理论同中国实际相结合的产物，能够真实、广泛、持久代表和实现最广大人民根本利益、全国各族各界根本利益，有效避免了旧式政党制度代表少数人、少数利益集团的弊端；新在它把各个政党和无党派人士紧密团结起来、为着共同目标而奋斗，有效避免了一党缺乏监督或者多党轮流坐庄、恶性竞争的弊端；新在它通过制度化、程序化、规范化的安排集

中国新型政党制度的鲜明特色和显著优势

能够实现利益代表的广泛性 ①

② 能够体现奋斗目标的一致性

能够促进决策施策的科学性 ③

④ 能够保障国家治理的有效性

中各种意见和建议、推动决策科学化民主化，有效避免了旧式政党制度囿于党派利益、阶级利益、区域和集团利益决策施政导致社会撕裂的弊端。要发挥我国社会主义新型政党制度优势，坚持长期共存、互相监督、肝胆相照、荣辱与共，加强同民主党派和无党派人士的团结合作，支持民主党派加强自身建设、更好履行职能。

铸牢中华民族共同体意识是新时代党的民族工作的主线，是实现中华民族伟大复兴的基础性工程。要坚定不移走中国特色解决民族问题的正确道路，坚持和完善民族区域自治制度，加强和改进党的民族工作，增进各族群众对伟大祖国、中华民族、中华文化、中国共产党、中国特色社会主义的认同，牢固树立正确的祖国观、民族观、文化观、历史观，使全国各族人民像爱护自己的眼睛一样珍惜民族团结，构筑各民族共有精神家园，全面推进民族团结进步事业。

坚持宗教中国化方向，坚持宗教独立自主自办原则，积极引导宗教与社会主义社会相适应，引导和支持我国宗教以社会主义核心价值观为引领，引导宗教界人士和信教群众培育和践行社会主义核心价值观，传承中华优秀传统文化。

新时代统战工作的根本指针："十二个必须"

1. 必须充分发挥统一战线的重要法宝作用
2. 必须解决好人心和力量问题
3. 必须正确处理一致性和多样性关系
4. 必须坚持好发展好完善好中国新型政党制度
5. 必须以铸牢中华民族共同体意识为党的民族工作主线
6. 必须坚持我国宗教中国化方向
7. 必须做好党外知识分子和新的社会阶层人士统战工作
8. 必须促进非公有制经济健康发展和非公有制经济人士健康成长
9. 必须发挥港澳台和海外统战工作争取人心的作用
10. 必须加强党外代表人士队伍建设
11. 必须把握做好统战工作的规律
12. 必须加强党对统战工作的全面领导

　　加大党外代表人士培养、选拔、使用工作力度，努力培养造就一支自觉接受中国共产党领导、坚定不移地走中国特色社会主义道路、具有较强代表性和参政议政能力的党外代表人士队伍。加强党外知识分子思想政治工作，做好新的社会阶层人士统战工作，更好地把他们团结在党的周围、发挥他们的重要作用，夯实中国式现代化的人才和智力基础，为实现中华民族伟大复兴更加广泛地凝聚人心和智慧。

　　毫不动摇地鼓励、支持、引导非公有制经济发展，全面构建亲清政商关系，营造有利于民营经济发展的政策环境、法治环境、市场环境、社会环境。

习近平总书记强调，全面构建亲清统一的新型政商关系，党员、干部既要关心支持民营企业发展，主动排忧解难，又要坚守廉洁底线。新型政商关系应该是什么样的？关键要将亲与清统一起来、落到实处，推动制度优势转化为治理效能。各级党委、政府和领导干部光明磊落地同企业和企业家交往，优化民营经济发展环境，团结好、引导好民营经济人士，这是坚持"两个毫不动摇"、汇聚高质量发展合力的题中应有之义。

[摘编自周人杰：《全面构建亲清统一的新型政商关系——支持民营经济和民营企业发展壮大③》（有微调），《人民日报》2024年5月8日]

继续完整准确贯彻"一国两制"、"港人治港"、"澳人治澳"、高度自治的方针，建立健全特别行政区维护国家安全的法律制度和执行机制，落实特区政府的宪制责任。坚持一个中国原则和"九二共识"，坚决遏制"台独"分裂活动和外部势力干涉，积极促进两岸关系和平发展、融合发展，推进祖国统一进程。加强和改进侨务工作，最大限度把海外侨胞和归侨侨眷中蕴藏的巨大能量凝聚起来、发挥出来，形成共同致力民族复兴的强大力量。

第九讲

完善中国特色社会主义法治体系

《决定》指出：法治是中国式现代化的重要保障。必须全面贯彻实施宪法，维护宪法权威，协同推进立法、执法、司法、守法各环节改革，健全法律面前人人平等保障机制，弘扬社会主义法治精神，维护社会公平正义，全面推进国家各方面工作法治化。

建设中国特色社会主义法治体系是全面推进依法治国的总抓手。中国特色社会主义法治体系，本质上是中国特色社会主义制度的法律表现形式，是国家治理体系的骨干工程。中国特色社会主义法治体系贯穿法治国家、法治政府、法治社会建设各个领域，涵盖立法、执法、司法、守法各个环节，涉及法律规范、法治实施、法治监督、法治保障、党内法规各个方面。

党的十八大以来，全面依法治国被纳入"四个全面"战略布局。全面依法治国必须坚持依法治国、依法执政、依法行政共同推进，坚持法治国家、法治政府、法治社会一体建设，坚持全面推进科学立法、严格执法、公正司法、全民守法。

一、深化立法领域改革

《决定》指出：完善以宪法为核心的中国特色社会主义法律体系，健全保证宪法全面实施制度体系，建立宪法实施情况报告制度。完善党委领导、人大主导、政府依托、各方参与的立法工作格局。统筹立改废释纂，加强重点领域、新兴领域、涉外领域立法，完善合宪性审查、备案审查制度，提高立法质量。探索区域协同立法。健全党内法规同国家法律法规衔接协调机制。建设全国统一的法律法规和规范性文件信息平台。

完善以宪法为核心的中国特色社会主义法律体系，高度重视宪法的统领作用，加强宪法实施和监督，健全保证宪法全面实施的制度体系，自觉把宪法的基本精神贯彻到立法的全过程，遵循宪法确立的制度和原则，严格依照法定权限和程序开展立法活动，确保每一项立法都符合宪法精神、反映人民意志、得到人民拥护，更好发挥宪法在治国理政中的重要作用，切实维护宪法权威。

中国特色社会主义法律体系日趋完善

截至2024年6月

· 我国现行有效法律**303**件，行政法规**598**部，地方性法规**1.4万**余部

· 现行有效中央党内法规**225**部，部委党内法规**227**部，地方党内法规**3485**部

法律　行政法规　地方性法规

中央党内法规　部委党内法规　地方党内法规

资料来源：《人民日报》2024年8月6日

深入推进科学立法、民主立法、依法立法，坚持立改废释纂并举，综合运用制定、修改、废止、解释、法律清理和法律编纂等形式，统筹推进国内法治和涉外法治，增强立法系统性、整体性、前瞻性、协同性、时效性，着力提高立法质量，形成上下有序、前后衔接、内部和谐、外部规范的法律规范体系。

探索地缘相近的两个以上平行立法主体共同确定立法项目、协同立法程序，解决跨区域治理难题、推动区域高质量一体化发展，着力

构建相对统一的制度规范、相对统一的法治环境。

注重党内法规同国家法律的衔接和协调，坚持依法治国与制度治党、依规治党统筹推进、一体建设，努力形成党内法规和国家法律相辅相成、相互促进、相互保障的格局。

二、深入推进依法行政

《决定》指出：推进政府机构、职能、权限、程序、责任法定化，促进政务服务标准化、规范化、便利化，完善覆盖全国的一体化在线政务服务平台。完善重大决策、规范性文件合法性审查机制。加强政府立法审查。深化行政执法体制改革，完善基层综合执法体制机制，健全行政执法监督体制机制。完善行政处罚等领域行政裁量权基准制度，推动行政执法标准跨区域衔接。完善行政处罚和刑事处罚双向衔接制度。健全行政复议体制机制。完善行政裁决制度。完善垂直管理体制和地方分级管理体制，健全垂直管理机构和地方协作配合机制。稳妥推进人口小县机构优化。深化开发区管理制度改革。优化事业单位结构布局，强化公益性。

转变政府职能，优化政府职责体系和组织结构，推进机构、职能、权限、程序、责任法定化，用法治给行政权力定规矩、划界限，坚持法定职责必须为、法无授权不可为，形成边界清晰、分工合理、权责一致、运行高效、法治保障的政府机构职能体系，提高行政效率和公信力。

完善决策和文件合法性审查制度，规范决策程序，健全政府守信践诺机制，营造市场化、法治化、国际化一流营商环境，全面提高法治政府建设水平。

深化行政执法体制改革，全面推进严格规范公正文明执法，加大关系群众切身利益的重点领域执法力度，完善行政执法程序。健全行政裁量基准，准确规定行政裁量权基准内容，严格行政裁量权基准制定程序，加强行政裁量权基准管理，推动行政处罚裁量适当，坚持过罚相当、宽严相济，有效避免畸轻畸重、显失公平、类案不同罚等情况出现。

完善基层综合执法体制机制，实现行政执法权限和力量向基层延伸和下沉，建立权责统一、权威高效的行政执法机制，全面推进严格规范公正文明执法，防止不作为乱作为，开展精准执法、柔性执法，严防机械办案、功利执法，让执法既有力度又有温度，做到执法要求与执法形式相统一、执法效果与社会效果相统一。强化行政执法监督机制和能力建设，严格落实行政执法责任制和责任追究制度，实现执法监督工作的规范化、标准化、程序化，通过完善有效的执法监督制度促进行政执法能力水平提升。健全行政执法和行政执法监督科技保障体系，推进行政执法和行政执法监督信息系统建设，推进行政执法数据互联互通。

调整优化事业单位结构布局，不断加大事业单位精简整合力度，加强统筹规划，优化结构布局，提升整体效能。强化事业单位公益属性，加快完善公益服务体系，提高公益事业发展水平和公益服务供给能力。

三、健全公正执法司法体制机制

1. 健全司法体制机制

《决定》指出：健全监察机关、公安机关、检察机关、审判机关、司法行政机关各司其职，监察权、侦查权、检察权、审判权、执行权相互配合、相互制约的体制机制，确保执法司法各环节全过程在有效制约监督下运行。深化审判权和执行权分离改革，健全国家执行体制，强化当事人、检察机关和社会公众对执行活动的全程监督。完善执法司法救济保护制度，完善国家赔偿制度。深化和规范司法公开，落实和完善司法责任制。规范专门法院设置。深化行政案件级别管辖、集中管辖、异地管辖改革。构建协同高效的警务体制机制，推进地方公安机关机构编制管理改革，继续推进民航公安机关和海关缉私部门管理体制改革。规范警务辅助人员管理制度。

规范司法权力运行，健全监察机关、公安机关、检察机关、审判机关、司法行政机关各司其职、相互配合、相互制约的体制机制，全面准确落实司法责任制，强化对执法司法活动的制约监督，破解对监督者有效监督难的问题，扭转监督重程序轻实体、重监督轻制约、重大错轻小错的失衡现象，促进司法公正，加快建设公正高效权威的社会主义司法制度，努力让人民群众在每一个司法案件中感受到公平正义。

1	2	3	4
科学合理配置执法司法各环节的权力和责任	把相互制约和监督的要求落实到执法司法权力运行的程序规则之中	健全执法司法权力运行的信息共享机制	不断增强执法司法工作人员自觉接受制约监督的意识

确保执法司法各环节全过程在有效制约监督下运行需要把握的要点

深化审判权与执行权分离改革，有效发挥执行工作对审判工作的监督与检验作用，避免司法权力过于集中，促进司法公正与廉洁，防止司法腐败。健全国家执行体制，着力解决长期存在的消极执行、错误执行等问题，主动接受检察机关法律监督，主动接受人大代表、政协委员及新闻媒体等各种监督，打造立体化执行监督体系。

加快司法救助制度化、法律化进程，加快出台程序规范、条件清晰、责任明确、方式全面的操作规定。坚持科学司法理念，把维护赔偿请求人合法权益作为赔偿工作的根本出发点和落脚点，完善国家赔偿制度。

推进司法公开，促进司法案件从立案、审判到执行的全部重要流程节点实现信息化、可视化、公开化，构建开放、动态、透明、便民的阳光司法机制，让司法大数据更好发挥服务群众诉讼、服务法院管理、服务社会治理的作用，以司法公开的持续进步，激发人们全面依法治国的信心和热情。落实和完善司法责任制，使追责和免责的边界更加清晰，既要让徇私舞弊、枉法裁判的法官依法承担法律责任，又要明确法官责任豁免的范围和条件，确保法官裁量权的合理空间。

以行政案件的管辖改革为突破口，加大异地管辖力度，积极推动

🔍 知识链接

人民检察院全面准确落实司法责任制的基本原则有哪些？

坚持党对检察工作的绝对领导，依法履行宪法和法律规定的职责；坚持遵循司法规律，符合检察职业特点；坚持谁办案谁负责、谁决定谁负责；坚持突出检察官办案主体地位与加强制约监督、强化检察长对司法办案工作领导有机结合；坚持惩戒与保护并重，主观过错与客观行为相一致，责任与处罚相适应；坚持自觉接受人大、政协、监察以及新闻媒体等社会各界的监督，自觉接受公安机关、审判机关、司法行政机关的制约。

行政审判管辖与行政区划的适当分离，解决行政案件立案难、审判难、执行难问题，提升行政审判的公信力。

加快构建符合新时代要求、体现实战化特点、具有中国特色的现代警务体系，完善以做专警种为关键、以运行机制为牵引、以大数据赋能为支撑的"专业＋机制＋大数据"的新型警务运行模式，构建职能科学、事权清晰、指挥顺畅、运行高效的公安机关职能体系。优化职能配置、规范机构设置、完善制度机制、整合力量资源，使有限的警力发挥最大的效能。

2. 加强人权执法司法保障

《决定》指出：坚持正确人权观，加强人权执法司法保障，完善事前审查、事中监督、事后纠正等工作机制，完善涉及公民人身权利强制措施以及查封、扣押、冻结等强制措施的制度，依法查处利用职权徇私枉法、非法拘禁、刑讯逼供等犯罪行为。推进刑事案件律师辩护全覆盖。建立轻微犯罪记录封存制度。

健全防止和纠正错案机制，严格遵守证据裁判原则，严禁刑讯逼供、体罚虐待，严格执行非法证据排除规则，保障犯罪嫌疑人、被告人、罪犯的申诉权、控告权，明确错案的认定标准和纠错启动主体，完善错案纠正程序。完善查封、扣押、冻结涉案财物的决定、执行、解除程序，细化涉案财物认定标准、明确执行主体，健全当事人复议申诉投诉机制，建立对相关违法行为的责任追究机制。

健全鼓励律师参与辩护、代理诉讼的机制，落实《中华人民共和国刑事诉讼法》和《中华人民共和国律师法》的规定，完善侦查、起诉和审判各环节律师执业权利保障机制，推进刑事案件律师辩护全覆盖。

建立轻微犯罪记录封存制度，这是刑事司法制度的创新改革举措，有利于加强人权执法司法保障，降低犯罪记录所施加的污名风险及其伴随的不利效应，促进有轻微犯罪记录人员返归社会，彰显法治文明和宽容人道理念。

四、完善推进法治社会建设机制

《决定》指出：健全覆盖城乡的公共法律服务体系，深化律师制度、公证体制、仲裁制度、调解制度、司法鉴定管理体制改革。改进法治宣传教育，完善以实践为导向的法学院校教育培养机制。加强和改进未成年人权益保护，强化未成年人犯罪预防和治理，制定专门矫治教育规定。

深化公共法律服务体系建设，加快整合律师、公证、司法鉴定、仲裁、司法所、人民调解等法律服务资源，尽快建成覆盖全业务、全时空的法律服务网络。

完善律师执业保障机制，健全律师违法违规执业惩戒制度，加强律师队伍建设，建设一支拥护党的领导、拥护社会主义法治的高素质律师队伍，充分发挥律师在全面依法治国中的重要作用。

深化公证服务供给侧结构性改革，优化事业体制公证机构运行机制，规范推进合作制公证机构建设发展，有序放宽执业区域，拓展服务领域，强化执业监管，改进服务方式，激发公证机构活力，提高公证行业公信力。

充分发挥仲裁在尊重当事人意思自治、便捷高效解决纠纷等方面的作用，完善多元化解纠纷机制，公正及时解决矛盾，妥善化解纠纷，维护社会稳定。

丰富和完善人民调解制度，引导基层群众优先选择人民调解等非诉讼方式，推进工作理念、平台载体、制度机制、方式方法创新，不断提升调解能力，有效把矛盾纠纷解决在基层、化解在诉前。

加强司法鉴定机构建设，建立诚信评价体系和资质评估制度，加强鉴定人队伍思想政治建设，提高鉴定人队伍能力素质，加强标准化建设，加强司法鉴定质量管控。

　　深入开展法治宣传教育，完善法治宣传教育的机制，强化立法说明、司法说理，推动普法工作与时俱进创新发展，创新法治宣传方式，在提高针对性、实效性上狠下功夫，形成法治需求与普法供给之间更高水平的动态平衡，增强全民法治观念，努力使尊法学法守法用法在全社会蔚然成风。

　　加强法治工作部门和法学院校双向交流互动，推进协同育人，强化实践教学，推动法学教育和法治实践更好融合发展，提高法治人才培养质量。

　　坚持对未成年人违法犯罪教育为主、惩罚为辅的原则，兼顾被害

改进法治宣传教育，推进全社会增强法治观念的措施

- 坚持以习近平法治思想为引领，把法治宣传教育摆到更加重要的位置，深入宣传中国特色社会主义法律体系，突出宣传宪法、民法典，深入宣传与推动高质量发展和社会治理现代化密切相关的法律法规

- 以国家工作人员和青少年为重点普法对象，把法治教育纳入干部教育体系、国民教育体系、社会教育体系

- 完善普法责任制，健全领导干部应知应会党内法规和国家法律清单制度

- 实施公民法治素养提升行动，分步骤、有重点持续提升全体公民法治意识和法治素养

- 坚持立德树人、德法兼修，完善以实践为导向的法学院校教育培养机制，加强学科建设，办好法学教育，努力培养造就高素质法治人才

人和社会的感受，对预防未成年人犯罪施行分级预防，对不良行为进行干预，对严重不良行为开展矫治，对犯罪行为惩处的同时进行帮教，对低龄未成年人犯罪既不"一关了之"，也不"一放了之"。

五、加强涉外法治建设

《决定》指出：建立一体推进涉外立法、执法、司法、守法和法律服务、法治人才培养的工作机制。完善涉外法律法规体系和法治实施体系，深化执法司法国际合作。完善涉外民事法律关系中当事人依法约定管辖、选择适用域外法等司法审判制度。健全国际商事仲裁和调解制度，培育国际一流仲裁机构、律师事务所。积极参与国际规则制定。

要从更好统筹国内国际两个大局、更好统筹发展和安全的高度，深刻认识做好涉外法治工作的重要性和紧迫性，加快建设同高质量发

**党的十八大以来，我国涉外法治建设
取得历史性成就、发生历史性变革**

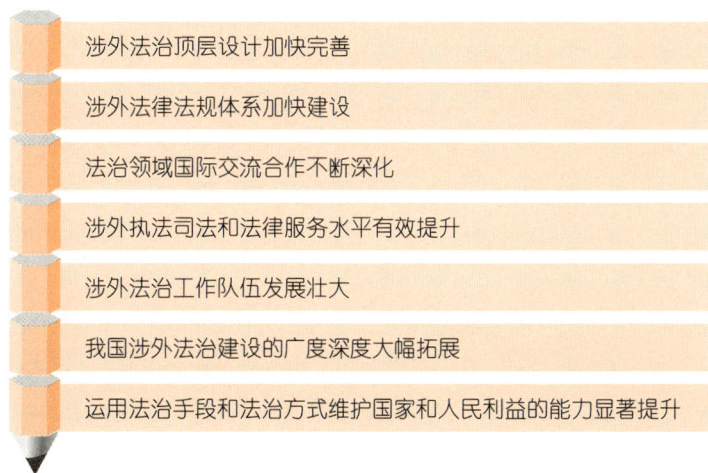

涉外法治顶层设计加快完善

涉外法律法规体系加快建设

法治领域国际交流合作不断深化

涉外执法司法和法律服务水平有效提升

涉外法治工作队伍发展壮大

我国涉外法治建设的广度深度大幅拓展

运用法治手段和法治方式维护国家和人民利益的能力显著提升

展、高水平开放要求相适应的涉外法治体系和能力，用法治方式更好维护国家和人民利益，为中国式现代化行稳致远营造有利法治条件和外部环境。

加快建设协同高效的涉外法治实施体系，综合运用执法、司法等手段，提升涉外执法司法效能，坚决维护国家主权、安全和发展利益。推进涉外司法审判体制机制改革，完善涉外民事法律关系中当事人依法约定管辖、选择适用域外法等司法审判制度，全面提高涉外司法国际公信力。

大力发展涉外法律服务，健全国际商事仲裁和调解制度，培育国际一流仲裁机构、律师事务所。加强涉外干部队伍法治能力建设，打造高素质专业化涉外法治工作队伍。

坚定维护以国际法为基础的国际秩序，促进国际法治进步，推进国际关系法治化。主动参与国际规则制定，积极参与全球治理体系改革和建设，推动全球治理朝着更加公正合理的方向发展，以国际良法促进全球善治，推动构建人类命运共同体。

第十讲

深化文化体制机制改革

一　完善意识形态工作责任制

二　优化文化服务和文化产品供给机制

三　健全网络综合治理体系

四　构建更有效力的国际传播体系

《决定》指出：中国式现代化是物质文明和精神文明相协调的现代化。必须增强文化自信，发展社会主义先进文化，弘扬革命文化，传承中华优秀传统文化，加快适应信息技术迅猛发展新形势，培育形成规模宏大的优秀文化人才队伍，激发全民族文化创新创造活力。

物质富足、精神富有是社会主义现代化的根本要求。物质贫困不是社会主义，精神贫乏也不是社会主义。中国式现代化不断厚植现代化的物质基础，不断夯实人民幸福生活的物质条件，同时大力发展社会主义先进文化，坚持社会主义核心价值观，加强理想信念教育，用社会主义先进文化、革命文化、中华优秀传统文化培根铸魂、启智润心，促进人民物质生活和精神生活共同富裕，实现物的全面丰富和人的全面发展。要坚定文化自信、秉持开放包容、坚持守正创新，推进文明实践、文明培育、文明创建，不断提升人民思想觉悟、道德水准、文明素养，更好构筑中国精神、中国价值、中国力量。同时利用正在蓬勃发展的数字时代信息技术，积极创新培育适应形势发展的各类优秀人才队伍，充分激发全民族文化创新创造活力，为强国建设和民族复兴注入强大精神力量。

一、完善意识形态工作责任制

1. 加强党的创新理论武装

《决定》指出：健全用党的创新理论武装全党、教育人民、指导实践工作体系，完善党委（党组）理论学习中心组学习制度，完善思想政治工作体系。创新马克思主义理论研究和建设工程，实施哲学社会科学创新工程，构建中国哲学社会科学自主知识体系。完善新闻发言人制度。构建适应全媒体生产传播工作机制和评价体系，推进主流媒体系统性变革。完善舆论引导机制和舆情应对协同机制。

健全用党的创新理论武装全党、教育人民、指导实践工作体系，全面落实意识形态工作责任制，不断增强社会主义意识形态凝聚力和引领力，不断巩固马克思主义在意识形态领域的指导地位，巩固全党全国人民团结奋斗的共同思想基础。完善思想政治工作体系，坚持党管宣传、党管阵地、党管舆论、党管媒体，做到守土有责、守土负责、守土尽责，不断创新意识形态工作方式方法，将主流意识形态中的政治话语、理论话语、学术话语转化为人民群众喜闻乐见的生活话语，切实增强意识形态工作的针对性和实效性，让意识形态工作为改革发展稳定明确思想引领、汇聚强大力量、凝聚广泛共识，巩固壮大奋进新时代的主流思想舆论。

创新马克思主义理论研究和建设工程，培育壮大哲学社会科学人才队伍，加快构建中国特色哲学社会科学学科体系、学术体系、话语体系，从理论和实践层面总结概括中国道路、中国经验、中国方案蕴含的世界观和方法论，探究全面建设社会主义现代化国家、实现中华民族伟大复兴的规律性和独特性，建设具有中国特色、中国风格、中国气派的哲学社会科学理论体系，为巩固马克思主义在意识形态领域的指导地位提供学理支撑。

🎙 权威声音

习近平（中共中央总书记、国家主席、中央军委主席）：加快构建中国特色哲学社会科学，归根结底是建构中国自主的知识体系。要以中国为观照、以时代为观照，立足中国实际，解决中国问题，不断推动中华优秀传统文化创造性转化、创新性发展，不断推进知识创新、理论创新、方法创新，使中国特色哲学社会科学真正屹立于世界学术之林。

构建适应全媒体生产传播工作机制和评价体系，建立以内容建设为根本、先进技术为支撑、创新管理为保障的全媒体传播体系，带动全媒体业务的聚合、整合、融合，坚持导向为魂、移动为先、内容为王、创新为要，在体制机制、政策措施、流程管理、人才技术等方面加快融合步伐，努力以内容优势赢得发展优势，以技术进步引领传播创新，不断扩大地域覆盖面、扩大人群覆盖面、扩大内容覆盖面。深化体制机制改革，提升传媒机构运行效率和发展活力，进一步增强我国主流媒体综合实力和整体竞争力。

完善舆论引导机制和舆情应对协同机制。调整优化组织结构，革新升级管理模式，充分运用新技术新应用创新传播方式，大力构建现代传播体系，打造并拓展主流舆论传播平台，不断提高舆论引导针对性、有效性。健全重大舆情和突发事件舆论引导机制，建立精准施策、高效有力的协调联动处置模式。

建设全媒体传播体系

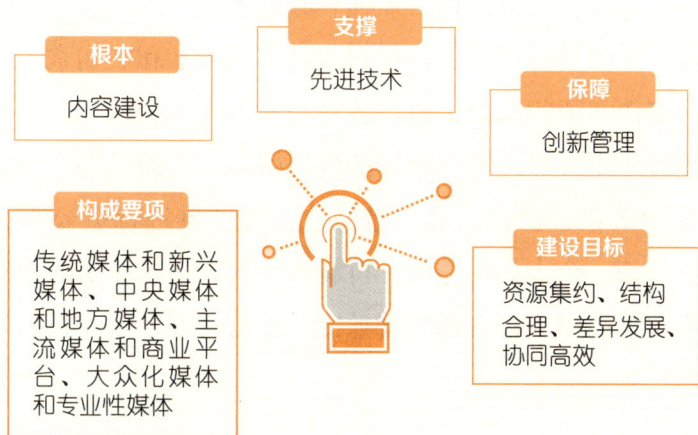

根本
内容建设

支撑
先进技术

保障
创新管理

构成要项
传统媒体和新兴媒体、中央媒体和地方媒体、主流媒体和商业平台、大众化媒体和专业性媒体

建设目标
资源集约、结构合理、差异发展、协同高效

2. 加强理想信念教育

《决定》指出：推动理想信念教育常态化制度化。完善培育和践行社会主义核心价值观制度机制。改进创新文明培育、文明实践、文明创建工作机制。实施文明乡风建设工程。优化英模人物宣传学习机制，创新爱国主义教育和各类群众性主题活动组织机制，推动全社会崇尚英雄、缅怀先烈、争做先锋。构建中华传统美德传承体系，健全社会公德、职业道德、家庭美德、个人品德建设体制机制，健全诚信建设长效机制，教育引导全社会自觉遵守法律、遵循公序良俗，坚决反对拜金主义、享乐主义、极端个人主义和历史虚无主义。形成网上思想道德教育分众化、精准化实施机制。建立健全道德领域突出问题协同治理机制，完善"扫黄打非"长效机制。

改进创新文明培育、文明实践、文明创建工作机制，统筹推动文明培育、文明实践、文明创建，推进城乡精神文明建设融合发展，在全社会弘扬劳动精神、奋斗精神、奉献精神、创造精神、勤俭节约精神，培育时代新风新貌。实施公民道德建设工程，弘扬中华传统美德，加强家庭家教家风建设，加强和改进未成年人思想道德建设，推动明大德、守公德、严私德，提高人民道德水准和文明素养。坚持道德认知与道德实践相结合、道德教育与法治保障相统一，发挥各类阵地道德教育作用，抓好重点群体的教育引导，全面弘扬中华优秀传统文化、革命文化、社会主义先进文化，扎实推进社会公德、职业道德、家庭美德、个人品德建设，持续强化教育引导、实践养成、制度保障，激发人们形成善良的道德意愿、道德情感，培育正确的道德判断和道德责任。

新时代公民道德建设要把社会公德、职业道德、家庭美德、个人品德建设作为着力点

1 ▶ 推动践行以文明礼貌、助人为乐、爱护公物、保护环境、遵纪守法为主要内容的社会公德，鼓励人们在社会上做一个好公民

2 ▶ 推动践行以爱岗敬业、诚实守信、办事公道、热情服务、奉献社会为主要内容的职业道德，鼓励人们在工作中做一个好建设者

3 ▶ 推动践行以尊老爱幼、男女平等、夫妻和睦、勤俭持家、邻里互助为主要内容的家庭美德，鼓励人们在家庭里做一个好成员

4 ▶ 推动践行以爱国奉献、明礼遵规、勤劳善良、宽厚正直、自强自律为主要内容的个人品德，鼓励人们在日常生活中养成好品行

二、优化文化服务和文化产品供给机制

1.健全公共文化服务

《决定》指出：完善公共文化服务体系，建立优质文化资源直达基层机制，健全社会力量参与公共文化服务机制，推进公共文化设施所有权和使用权分置改革。深化文化领域国资国企改革，分类推进文化事业单位深化内部改革，完善文艺院团建设发展机制。

完善公共文化服务体系，要在增强均衡性和可及性上下功夫，持续推动公共文化服务标准化、均等化，创新实施文化惠民工程，广泛开展群众性文化活动，推动公共文化数字化建设，提高基本公共文化服务的覆盖面和适用性，让社会主义文化建设成果更多更公平惠及全体人民，让人民享有更加充实、更为丰富、更高质量的精神文化生活。推进公共文化服务在城乡均衡发展，加大农村公共文化设施建设力度，提高农村综合性文化服务中心覆盖率，加强公共文化设施统筹利用，推动公共文化设施共建共享，促进公共文化设施在城市空间均衡布局，创新政府购买公共文化服务方式，鼓励社会组织和企业参与公共文化设施运营和产品服务供给。

深化文化领域国资国企改革，完善党委和政府监管有机结合、宣传部门有效主导的管理模式，实现管人管事管资产管导向相统一，推动党政部门与其所属的文化企业进一步理顺关系，推动主管主办制度与出资人制度相衔接，优化资源配置，推进国有文化企业兼并重组、转型升级，推动国有文化企业增强实力、活力、抗风险能力，更好地发挥控制力、影响力。

推进文化事业改革，推动党政部门与文化事业单位进一步理顺关

如何进一步强化社会参与公共文化服务？

加大政府购买公共文化服务力度。举办全国或区域性公共文化产品和服务采购大会，建设线上线下相结合的交易平台，促进供需对接。鼓励利用多种方式，推动社会力量参与公共文化设施运营、活动项目打造、服务资源配送等。根据实际，稳步推进有条件的地市级以上公共图书馆、文化馆、博物馆、美术馆开展法人治理结构改革。稳妥推动基层文化设施社会化运营。存在人员缺乏等困难的县级特别是乡镇（街道）、村（社区）文化场馆，可根据实际，通过政府委托运营整体场馆或部分项目的形式，引入符合条件的企业和社会组织，提高运营效率和服务水平。创新监管方式，重点做好政治导向和服务绩效等方面的评估。规范推广政府与社会资本合作模式，引导社会资本积极参与建设文化项目，兼顾公共文化服务和文化产业发展，为稳定投资回报、吸引社会投资创造条件。

系，不断强化政策调节、市场监管、社会管理、公共服务职能，创新文化行政管理方式，善于综合运用法律、行政、经济、科技等多种管理手段，实现简政放权和加强监管齐推进、相协调，做到科学管理、依法管理、有效管理。

2. 繁荣文化事业和文化产业

《决定》指出：坚持以人民为中心的创作导向，坚持出成果和出人才相结合、抓作品和抓环境相贯通，改进文艺创作生产服务、引导、组织工作机制。健全文化产业体系和市场体系，完善文化经济政策。探索文化和科技融合的有效机制，加快发展新型文化业态。深化文化领域行政审批备案制度改革，加强事中事后监管。深化文娱领域综合治理。

坚持以人民为中心的创作导向，把社会效益放在首位、社会效益和经济效益相统一，守正创新、固本培元，高擎思想旗帜，高扬主流价值，丰富高品质文化供给，提供高效能文化服务，推出更多增强人民精神力量的优秀作品，培育造就大批德艺双馨的文学艺术家和规模宏大的文化文艺人才队伍，更好满足人民日益增长的精神文化生活需要，不断丰富人民精神世界、增强人民精神力量。全面繁荣新闻出版、广播影视、文学艺术、哲学社会科学事业，探索构建有中国特色的文化产品创作、生产、传播、评价机制，用刚健厚重先进质朴的文化滋养民族气质、引领社会风尚，把公共文化服务提高到新水平，为人民群众奉献更多健康营养的精神食粮，着力增强人民文化获得感、幸福感，促进人的全面发展。

健全文化产业体系和市场体系，大力推动文化领域供给侧结构性改革，深化文化体制改革，实施重大文化产业项目带动战略，完善文化产业规划和政策，推动各类文化市场主体发展壮大，培育新型文化业态和文化消费模式，不断扩大优质文化产品供给，增强文化整体实力和竞争力，推动文化产业高质量发展。

探索促进文化和科技融合的有效机制，顺应数字产业化和产业数字化发展趋势，实施文化产业数字化战略，加快发展新型文化企业、文化业态、文化消费模式，改造提升传统文化业态，推动文化产业全面转型升级，提高质量效益和核心竞争力。

深化文化领域行政审批备案制度改革，根据文化领域出现的新形势、新情况、新问题，在切实保障意识形态安全的前提下，创新监管理念，建立适应新领域新业态发展特点的监管机制，聚焦推动文化传媒、网络游戏、动漫、创意设计等领域发展，开展优化审批流程改革试点，扩大网络游戏审核试点，创新事中事后监管方式，为市场发展留足空间，充分激发市场活力。

深化文娱领域综合治理，以社会主义核心价值观为引领，坚持问题导向、综合施策、标本兼治，引导社会树立正确审美观，加强文艺创作审美导向把关，抵制造星炒星、泛娱乐化等不良倾向和流量至上、拜金主义等畸形价值观，加强粉丝社群管理、经纪公司管理、直

2023年，我国文化企业发展持续回升向好

2023年

▶ 全国规模以上文化及相关产业企业实现营业收入12.9万亿元，比2022年增长 8.2%

文化服务业支撑作用稳步增强，文化娱乐休闲服务行业快速恢复

▶ 2023年，文化服务业实现营业收入6.77万亿元，比2022年增长 14.1%，增速明显快于全国规模以上服务业企业整体水平

▶ 2023年，文化娱乐休闲服务行业实现营业收入1758亿元，由2022年下降 14.7% 转为增长63.2%，两年平均增长18.0%

新动能不断释放，文化新业态行业带动效应明显

▶ 2023年，文化新业态特征较为明显的16个行业小类实现营业收入5.24万亿元，比2022年增长15.3%，快于全部规模以上文化企业7.1个百分点

经营效益持续提升，文化企业实现利润超万亿元

▶ 2023年，规模以上文化企业实现利润1.16万亿元，比2022年增长30.9%，两年平均增长14.5%

数据来源：国家统计局网站

播管理、演艺明星金融产品和游戏产品代言管理等，有效遏制行业不良倾向，廓清文娱领域风气。

3. 保护文化遗产、促进文旅融合、建设体育强国

《决定》指出：建立文化遗产保护传承工作协调机构，建立文化遗产保护督察制度，推动文化遗产系统性保护和统一监管。构建中华文明标识体系。健全文化和旅游深度融合发展体制机制。完善全民健身公共服务体系，改革完善竞技体育管理体制和运行机制。

积极推进文化遗产保护传承，挖掘文物和文化遗产的多重价值，传播更多承载中华文化、中国精神的价值符号和文化产品。坚持保护第一、加强管理、挖掘价值、有效利用、让文物活起来的工作要求，保持各类文化遗产的整体性、原生态性，加强系统性保护和统一监管，全面提升文物保护利用和文化遗产保护传承水平。

构建中华文明标识体系，深化中华文明研究，推进中华文明探源工程，开展考古中国重大研究，实证中华文明延绵不断、多元一体、兼收并蓄的发展脉络。依托价值突出、内涵丰厚的珍贵文物，推介一批国家文化地标和精神标识，增强中华民族的自豪感和凝聚力，为中华民族发展提供强大精神支撑，推动中华文明更好走向世界、造福世界。

健全文化和旅游深度融合发展体制机制，有效改善文旅管理方式、服务流程、产品供给，推进文旅数字化、网络化、智能化发展，推动5G、人工智能、物联网、大数据、云计算等在文旅领域应用，建设一批富有文化底蕴的世界级旅游景区和度假区，打造一批文化特色鲜明的国家级旅游休闲城市，通过高质量发展的文旅融合提高人民群众的幸福指数，不断满足人民群众个性化、多样性的文旅需求，让人民群众有的游、游得起、游得开心，在领略自然之美中感悟文化之美、陶冶心灵之美。

构建更高水平的全民健身公共服务体系的主要目标

到2025年

更高水平的全民健身公共服务体系基本建立，人均体育场地面积达到**2.6平方米**，经常参加体育锻炼人数比例达到**38.5%**，政府提供的全民健身基本公共服务体系更加完善、标准更加健全、品质明显提升，社会力量提供的普惠性公共服务实现付费可享有、价格可承受、质量有保障、安全有监管，群众健身热情进一步提高

到2035年

与社会主义现代化国家相适应的全民健身公共服务体系全面建立，经常参加体育锻炼人数比例达到**45%**以上，体育健身和运动休闲成为普遍生活方式，人民身体素养和健康水平居于世界前列

　　完善全民健身公共服务体系，构建更高水平的全民健身公共服务体系，实施全民健身设施补短板工程，建设全民健身中心、公共体育场、社会足球场等健身设施，加大全民健身公共服务资源向基础薄弱区域和群众身边倾斜力度，与常住人口总量、结构、流动趋势相衔接，促进健身步道、沿河步道、城市绿道互联互通，健身设施共建共享，提高全民健身参与度，增强全民健身可及性，推动全民健身公共服务体系覆盖全民、服务全民、造福全民。

　　改革完善竞技体育管理体制和运行机制，加快推进竞技体育领域改革，统筹抓好体育行政部门、体育事业单位、体育社会组织改革，构建职能明确、管理顺畅、协同高效的体育管理体制机制，提高体育行业治理现代化水平。创建新型举国体制，积极引入市场、社会组织、院校、企业参与竞技体育发展。加强各类体育赛事活动监管，进一步完善各类体育赛事活动标准，加大体育行风行纪、赛风赛纪整治力度，持续打击体育领域"假赌黑"问题。

三、健全网络综合治理体系

《决定》指出：深化网络管理体制改革，整合网络内容建设和管理职能，推进新闻宣传和网络舆论一体化管理。完善生成式人工智能发展和管理机制。加强网络空间法治建设，健全网络生态治理长效机制，健全未成年人网络保护工作体系。

深化网络管理体制改革，加强网络治理领域重大工作的顶层设计、总体布局、统筹协调、整体推进、督促落实等，加强国家网信部门、电信主管部门、公安部门、新闻出版部门、文化部门及其他有关部门的协同合作，推进新闻宣传和网络舆论一体化管理。

提供和使用生成式人工智能服务应遵守的规定

1 坚持社会主义核心价值观，不得生成煽动颠覆国家政权、推翻社会主义制度，危害国家安全和利益、损害国家形象，煽动分裂国家、破坏国家统一和社会稳定，宣扬恐怖主义、极端主义，宣扬民族仇恨、民族歧视，暴力、淫秽色情，以及虚假有害信息等法律、行政法规禁止的内容

2 在算法设计、训练数据选择、模型生成和优化、提供服务等过程中，采取有效措施防止产生民族、信仰、国别、地域、性别、年龄、职业、健康等歧视

3 尊重知识产权、商业道德，保守商业秘密，不得利用算法、数据、平台等优势，实施垄断和不正当竞争行为

4 尊重他人合法权益，不得危害他人身心健康，不得侵害他人肖像权、名誉权、荣誉权、隐私权和个人信息权益

5 基于服务类型特点，采取有效措施，提升生成式人工智能服务的透明度，提高生成内容的准确性和可靠性

完善生成式人工智能发展和管理机制，坚持发展和安全并重、促进创新和依法治理相结合的原则，在鼓励生成式人工智能创新发展的同时，对生成式人工智能服务实行包容审慎和分类分级监管，建立健全保障人工智能健康发展的法律法规、制度体系、伦理道德，加快实施安全评估、算法备案、投诉举报等基础性政策，营造可信的人工智能发展环境。

加强网络空间法治建设，进一步加快网络空间法治化进程，全面把握网络空间治理面临的前所未有的艰巨性、复杂性，运用法治思维和法治方式解决制约互联网发展的瓶颈问题，前瞻性应对互联网新技术新应用新业态新模式带来的风险挑战，推进网络法治理念、内容、方式、方法等全方位创新。创新和完善算法、区块链等新技术新领域规则，努力填补重要领域制度的时间差、空白区，建立网络综合治理体系，创新网络司法模式，以创新引领网络法治实践，全面提升互联网治理效能。规范网络信息传播秩序，推进网络诚信建设，倡导网络文明，完善网络法律法规，加大网络执法震慑力度，严厉打击各类网络违法犯罪行为等。维护网络秩序、净化网络环境、维护网民权益，确保网络空间天朗气清、生态良好，使互联网在正确的轨道上健康运行。

四、构建更有效力的国际传播体系

《决定》指出：推进国际传播格局重构，深化主流媒体国际传播机制改革创新，加快构建多渠道、立体式对外传播格局。加快构建中国话语和中国叙事体系，全面提升国际传播效能。建设全球文明倡议践行机制。推动走出去、请进来管理便利化，扩大国际人文交流合作。

深化主流媒体国际传播机制改革创新，加快构建多渠道、立体式对外传播格局。加强国际传播能力建设，完善国际传播工作格局，坚持贴近中国实际、贴近国际关切、贴近国外受众，加强对外话语体系建设，创新对外话语表达方式，打造融通中外的新概念新范畴新表述，增强文化传播亲和力，让世界更好听清中国、读懂中国，扩大中国话语的国际影响力。

加快构建中国话语和中国叙事体系，全面提升国际传播效能。以讲好中国故事为着力点，整合各类资源，推动内宣外宣一体发展，初步构建起多主体、立体式的大外宣格局，构建中国话语和中国叙事体系，推动反映当代中国发展进步的价值理念、文艺精品、文化成果走向海外，努力进入主流市场、影响主流人群，展现真实、立体、全面的中国，阐释中国理念、中国道路、中国主张，增进理解、扩大认同，把中国故事讲得愈来愈精彩，让中国声音愈来愈洪亮，展现可信、可爱、可敬的中国形象，推动中华文化更好走向世界。

全球文明倡议

提出时间

2023年3月15日，习近平总书记在中国共产党与世界政党高层对话会上首次提出

核心内容

☑ 共同倡导尊重世界文明多样性　　☑ 共同倡导弘扬全人类共同价值

☑ 共同倡导重视文明传承和创新　　☑ 共同倡导加强国际人文交流合作

建设全球文明倡议践行机制，坚持弘扬平等、互鉴、对话、包容的文明观，坚守中华文化立场，提炼展示中华文明的精神标识和文化精髓，以更自信的心态、更宽广的胸怀，广泛参与世界文明对话，深入开展同各国文化交流合作，促进对彼此文化文明的理解、欣赏和借鉴，让各国人民更好了解中国，让中国人民更好了解世界。

　　推动走出去、请进来管理便利化，扩大国际人文交流合作。以构建人类命运共同体理念为指引，深入开展各种形式的人文交流活动，深化民间组织、智库、媒体、青年交流，推动中华文明与世界各国文明各美其美、美美与共，努力开创世界各国人文交流、文化交融、民心相通新局面，让人类文明的丰富成果造福更多民众。

第十一讲

健全保障和改善民生制度体系

一　完善收入分配制度

二　完善就业优先政策

三　健全社会保障体系

四　深化医药卫生体制改革

五　健全人口发展支持和服务体系

《决定》指出：在发展中保障和改善民生是中国式现代化的重大任务。必须坚持尽力而为、量力而行，完善基本公共服务制度体系，加强普惠性、基础性、兜底性民生建设，解决好人民最关心最直接最现实的利益问题，不断满足人民对美好生活的向往。

民生是人民幸福之基、社会和谐之本，增进民生福祉是发展的根本目的。坚持在发展中保障和改善民生，是新时代坚持和发展中国特色社会主义的基本方略之一。

一、完善收入分配制度

1. 完善收入分配制度

《决定》指出：构建初次分配、再分配、第三次分配协调配套的制度体系，提高居民收入在国民收入分配中的比重，提高劳动报酬在初次分配中的比重。完善劳动者工资决定、合理增长、支付保障机制，健全按要素分配政策制度。完善税收、社会保障、转移支付等再分配调节机制。支持发展公益慈善事业。

坚持按劳分配为主体、多种分配方式并存，构建初次分配、再分配、第三次分配协调配套的制度体系。初次分配是指由市场按照贡献和效益进行分配；再分配是指政府通过税收、社会保障、转移支付等方式对国民收入在初次分配之后进行第二次分配；第三次分配是指通过自愿捐赠等公益慈善事业的方式进行社会救济和社会互助。初次分配更加注重效率，创造机会公平的竞争环境，维护劳动收入的主体地位；再分配更加注重公平，提高公共资源配置效率，调节初次分配形成的收入和财富差距过大，促进社会公平正义和共同富裕；第三次分配发挥对初次分配、再分配有益补充的作用。推动实现"两个提高"，即提高居民收入在国民收入分配中的比重，提高劳动报酬在初次分配中的比重。

完善劳动者工资决定、合理增长、支付保障机制，健全最低工资标准调整机制，完善农民工欠薪治理长效机制，将新就业形态劳动者纳入最低工资制度保障范围。健全按要素分配政策制度，健全劳动、资本、土地、知识、技术、管理、数据等生产要素由市场评价贡献、按贡献决定报酬的机制，支持数据等新生产要素按贡献取得相应报酬，促进经济发展新动能不断壮大。

健全以税收、社会保障、转移支付等为主要手段的再分配调节机制，强化税收调节，充分发挥税收制度"提低、扩中、调高"的功能，完善直接税制度并逐步提高其比重。

加大宣传慈善文化，积极发展慈善事业，鼓励和引导社会力量通过民间捐赠、志愿行动等方式济困扶弱，在全社会形成乐善好施、互助友爱的良好风气和勤劳工作、回报社会的捐赠意识。

2. 规范收入分配秩序

《决定》指出：规范收入分配秩序，规范财富积累机制，多渠道增加城乡居民财产性收入，形成有效增加低收入群体收入、稳步扩大中等收入群体规模、合理调节过高收入的制度体系。深化国有企业工资决定机制改革，合理确定并严格规范国有企业各级负责人薪酬、津贴补贴等。

规范收入分配秩序，规范财富积累机制，重心是完善收入分配制度和财富调节机制，防止两极分化。要完善收入分配调控体制机制和政策体系，保护合法收入，调节过高收入，清理规范隐性收入，取缔非法收入，增加低收入者收入，扩大中等收入者比重，努力缩小城乡、区域、行业收入分配差距，逐步形成橄榄型分配格局。规范财富积累机制，在鼓励人们勤劳致富、合法积累财富的前提下，打击以非法手段致富，抑制以畸形机制暴富，促进居民财富正常、合法增长。增加居民通过交易、出租财产权或进行财产营运所获得的利息、股息、红利、租金、专利以及财产增值等财产性收入，继续规范资本市场，保护投资者特别是中小投资者合法权益，强化投资理财渠道监管，让人民群众拥有更为多样的金融理财工具和产品。

形成中间大、两头小的橄榄型分配格局

金字塔型分配结构　　　橄榄型分配结构

■ 高收入群体
■ 中等收入群体
■ 低收入群体

深化国有企业工资决定机制改革，完善国有企业工资分配监管体制，健全同劳动力市场基本适应、同国有企业经济效益和劳动生产率挂钩的工资决定和正常增长机制，合理确定并严格规范国有企业各级负责人薪酬、津贴补贴等。

二、完善就业优先政策

《决定》指出：健全高质量充分就业促进机制，完善就业公共服务体系，着力解决结构性就业矛盾。完善高校毕业生、农民工、退役军人等重点群体就业支持体系，健全终身职业技能培训制度。统筹城乡就业政策体系，同步推进户籍、用人、档案等服务改革，优化创业促进就业政策环境，支持和规范发展新就业形态。完善促进机会公平制度机制，畅通社会流动渠道。完善劳动关系协商协调机制，加强劳动者权益保障。

完善就业公共服务体系，强化就业优先政策，健全就业促进机制，统筹城乡就业政策体系，健全重点群体就业支持体系，加强困难群体就业兜底帮扶，促进高质量充分就业，坚决防范化解规模性失业等重大风险，确保就业局势总体稳定。有效解决劳动力市场的需求和供给错配问题，加快培养大批高素质劳动者和技术技能人才，持续开展职业技能提升行动，多管齐下化解结构性就业矛盾。

完善高校、职业院校学科专业设置和人才培养模式，努力创造更多适合高校毕业生特点的就业岗位；结合推进新型城镇化和乡村全面振兴，多措并举促进农民工就业；对退役军人给予更多就业关怀和帮扶。建立并推行覆盖城乡全体劳动者、贯穿劳动者学习工作终身、适应就业创业和人才成长需要以及经济社会发展需求的终身职业技能培训制度。

统筹城乡就业政策体系，破除妨碍劳动力、人才流动的体制机制和政策弊端，消除影响平等就业的不合理限制和就业歧视。坚持包容审慎原则对待数字经济和平台经济发展产生的新就业形态，构建适应新就业形态发展的政策支持体系、社会保障体系、社会治理体系，及

完善高校毕业生、农民工、退役军人等重点群体就业支持体系的措施

- 坚持就业优先战略，完善重点群体就业支持政策，开发更多就业岗位，优化就业结构，提升就业质量，以点带面稳定就业大局

- 加快发展新质生产力，改造提升传统产业，培养壮大新兴产业，完善高校、职业院校学科专业设置和人才培养模式，努力创造更多适合高校毕业生特点的就业岗位

- 结合推进新型城镇化和乡村全面振兴，多措并举促进农民工就业，稳定脱贫人口务工规模和务工收入，防止因失业导致规模性返贫

- 对退役军人给予更多就业关怀和帮扶，落实各项就业援助政策措施

- 完善就业公共服务制度，打造覆盖全民、贯穿全程、辐射全域、便捷高效的全方位就业公共服务体系

- 大力营造公平就业环境，坚决破除妨碍劳动力、人才流动的体制机制和政策弊端

- 健全劳动法律法规，完善社会保障体系，维护好劳动者在劳动报酬、休息休假、劳动安全、职业技能培训、社会保险和福利等方面的合理待遇和合法权益，更好适应就业方式新变化

- 加强劳动市场监管和监察执法，有效治理欠薪欠保、过度加班、违法裁员等乱象

时完善相关法律法规和规章制度，为其厚植发展土壤、助其释放出更大的潜力与活力。

完善促进机会公平制度机制，破除各种利益固化的藩篱，创造平等竞争的就业环境，完善社会流动机制、畅通社会流动通道，最大限度确保每个公民都拥有人生出彩和梦想成真的机会。

健全劳动关系诉求表达机制、矛盾调处机制和权益保障机制，保障劳动者在劳动报酬、休息休假、劳动安全、职业技能培训、社会保险和福利等方面的合理待遇和合法权益，加强劳动市场监管和监察

什么是新就业形态?

新就业形态是指伴随着互联网技术应用和数字经济发展而出现的工作模式,如依托互联网平台就业的网约配送员、网约车驾驶员、互联网营销师等。新就业形态具有劳动关系灵活、工作内容多样、工作方式弹性、创业机会互联等特点,对于扩大就业容量、调节劳动力市场具有重要作用,同时也对提升就业质量、加强劳动者权益保障提出新要求,既应该鼓励发展,也需要对其进行规范。

执法,有效治理欠薪欠保、过度加班、违法裁员等乱象,建立规范有序、公正合理、互利共赢、和谐稳定的劳动关系。

三、健全社会保障体系

1.完善社保制度

《决定》指出:完善基本养老保险全国统筹制度,健全全国统一的社保公共服务平台。健全社保基金保值增值和安全监管体系。健全基本养老、基本医疗保险筹资和待遇合理调整机制,逐步提高城乡居民基本养老保险基础养老金。健全灵活就业人员、农民工、新就业形态人员社保制度,扩大失业、工伤、生育保险覆盖面,全面取消在就业地参保户籍限制,完善社保关系转移接续政策。加快发展多层次多支柱养老保险体系,扩大年金制度覆盖范围,推行个人养老金制度。

发挥各类商业保险补充保障作用。推进基本医疗保险省级统筹，深化医保支付方式改革，完善大病保险和医疗救助制度，加强医保基金监管。健全社会救助体系。健全保障妇女儿童合法权益制度。完善残疾人社会保障制度和关爱服务体系。

完善基本养老保险全国统筹制度，统一养老保险政策，健全全国统一的社保公共服务平台，建立中央和地方养老保险支出责任分担机制，加强全国统筹调剂资金管理，确保基金安全、调拨顺畅，增强养老保险制度的可持续性和公平性，确保基本养老金按时足额发放，更好保障劳动者与退休人员的养老保险权益。

推动社保基金市场化运作进程，持续加强机构和从业人员监管，推动提升管理人管理能力和规范化运作水平，实现基金资产的长期保值增值，确保社保基金的安全性、流动性、收益性。

健全基本养老、基本医疗保险筹资和待遇合理调整机制，以保证购买力不下降为原则，兼顾其他因素合理确定，尽力而为、量力而行，适时适度调整相关标准，控制并逐步缩小群体间差距。

提高社保政策的灵活性和包容性，引导灵活就业人员、农民工、新就业形态人员根据实际情况积极参加社会保险，全面取消在就业地参保户籍限制。完善社保关系线上办理渠道，实现社保关系无障碍接续，不断提升服务便捷度和增强群众获得感。

加快发展多层次多支柱养老保险体系，构建以基本养老保险为基础、以企业（职业）年金为补充、与个人储蓄性养老保险和商业养老保险相衔接的"三支柱"养老保险体系。第一支柱即基本养老保险制度，由国家、单位和个人共同负担，坚持全覆盖、保基本；第二支柱即企业（职业）年金制度，由单位和个人共同负担，实行完全积累，市场化运营；第三支柱即个人储蓄性养老保险和商业养老保险，个人自发参保。

拓展商业养老保险发展空间，加大税收优惠力度，优化金融产品和机构体系，吸引更多居民投资养老保障类产品和基金。

巩固提高基本医疗保险统筹层次，做实地市级统筹，推动省级统筹。深化医保支付方式改革，激励医院和医生自觉主动地规范医疗服务，控制医疗成本，减少资源浪费，提升管理水平和风险防范能力，用有限的医保基金为参保人提供更高质量的服务，提高医保基金使用效率。强化基本医保、大病保险、医疗救助三重制度互补衔接综合保障，健全重特大疾病医疗保险和救助制度，进一步提高困难群众重特大疾病兜底保障水平，减轻其医疗费用负担，健全防止因病返贫致贫长效机制。推动构建全方位、多层次、立体化的医保基金监管体系，明确基金使用各个环节的监管责任，通过飞行检查、专项整治、日常监管、智能监控、社会监督等多种监管方式，打好监管组合拳。

健全分层分类的社会救助体系，落实低保、特困供养制度，完善临时救助和服务类救助政策措施，加强低收入人口认定和动态监测工作，推动低收入人口常态化帮扶政策与防止返贫帮扶政策衔接并轨。

健全保障妇女合法权益制度，消除性别歧视，实行同工同酬，加强对女职工特殊劳动保护，加大妇女人才培养、女干部选拔力度，提高妇女参与经济社会事务管理的机会和能力，更加关爱困难、病残、老年妇女和单亲母亲等特殊困难群体。健全保障儿童合法权益制度，推进义务教育均衡发展，加大对中西部和边疆、民族、困难地区教育投入，完善儿童医疗卫生服务网络，增加儿科医务人员，加快解决儿科资源、儿童用药短缺问题，扩大儿童福利覆盖面，加大对病残、流浪、留守等困难儿童的关爱力度。

积极拓展残疾人家庭就业增收渠道，加快健全兜底性、基础性残疾人社会福利制度，着力提高残疾人康复、教育、文化体育、托养照护、无障碍等服务质量，不断提高残疾人生活品质。

2. 改革住房制度

《决定》指出：加快建立租购并举的住房制度，加快构建房地产发展新模式。加大保障性住房建设和供给，满足工薪群体刚性住房需求。支持城乡居民多样化改善性住房需求。充分赋予各城市政府房地产市场调控自主权，因城施策，允许有关城市取消或调减住房限购政策、取消普通住宅和非普通住宅标准。改革房地产开发融资方式和商品房预售制度。完善房地产税收制度。

加快构建房地产发展新模式，这是适应我国房地产市场供求关系发生重大变化的新形势，着眼于破解房地产发展难题和防范风险、促进房地产市场平稳健康发展的治本之策。以满足刚性和改善性住房需求为重点，按照政府保基本、市场满足多层次多样化需求的原则，深化供给结构、经营方式、调控政策、监管机制等改革，加快建立租购并举的住房制度，实现房地产市场平稳、健康、高质量发展。

加大保障性住房建设和供给力度，加强土地、财政、金融等支持，提高保障性住房占住房总量的比重，解决好大城市新市民、青年人、农民工等群体住房困难问题，提升保障性住房的质量品质及适配性，更好满足工薪群体刚性住房需求。

构建房地产发展新模式的理念、实施路径

理念	要完善"市场+保障"的住房供应体系，政府保障基本住房需求、市场满足多层次多样化住房需求，建立租购并举的住房制度，努力让人民群众住上好房子
实施路径	一是规划建设保障性住房，推进"平急两用"公共基础设施建设和城中村改造 二是下力气建设好房子，合力建造绿色、低碳、智能、安全的好房子，让群众能够住得健康、用得安全方便

支持城乡居民多样化改善性住房需求，落实改善性住房换购税费减免等政策，鼓励房地产企业提高住房建设标准、加强智能科技应用、提升物业服务水平。

引导各城市政府坚决担起维护本地房地产市场平稳健康发展的主体责任，用好房地产市场调控自主权，因地制宜调整优化房地产政策，坚持因城施策、精准施策、一城一策，用好政策工具箱。

引导房地产企业逐步形成适度杠杆比例、合理负债水平和正常周转速度的发展机制，摒弃"高负债、高周转、高杠杆"的模式弊端，建设适应人民群众新期待的好房子，并建立与之相适应的融资、财税、土地、销售等基础性制度。在保护购房者权益的基础上，逐步实现商品房由预售向现售转型。

选择适当时机，对工商业房地产和个人住房按照评估值征收房地产税，整合房地产领域相关税种，适当降低建设、交易环节税费负担，逐步建立完善的现代房地产税收制度。

四、深化医药卫生体制改革

《决定》指出：实施健康优先发展战略，健全公共卫生体系，促进社会共治、医防协同、医防融合，强化监测预警、风险评估、流行病学调查、检验检测、应急处置、医疗救治等能力。促进医疗、医保、医药协同发展和治理。促进优质医疗资源扩容下沉和区域均衡布局，加快建设分级诊疗体系，推进紧密型医联体建设，强化基层医疗卫生服务。深化以公益性为导向的公立医院改革，建立以医疗服务为主导的收费机制，完善薪酬制度，建立编制动态调整机制。引导规范民营医院发展。创新医疗卫生监管手段。健全支持创新药和医疗器械发展机制，完善中医药传承创新发展机制。

把保障人民健康放在优先发展的战略位置，完善人民健康促进政策。加快推进健康中国建设，以人民健康为中心，把保障人民健康融入经济社会发展各项政策，在完善疾病预防控制体系、提升医疗救治能力、提高人民群众健康水平等方面持续努力，倡导健康文明生活方式，大力普及健康知识，加强公共卫生常识的宣传教育，推动形成有利于健康的生活方式、生产方式和制度体系，构筑健康中国牢固防线，实现人民健康与经济社会协调发展。

促进医疗、医保、医药（以下简称"三医"）协同发展和治理，统筹协调"三医"联动改革，构建激励相容的体制机制，建立统一高效的政策协同、信息联通、监管联动机制，注重改革的关联性、耦合性，形成"三医"标准统一、相互衔接、相互配合的监管格局，实现各司其职又彼此支撑。

进一步统筹和优化城乡医疗资源布局，强化基层卫生队伍建设，

建立"三医"统一高效的政策协同、信息联通、监管联动机制

1 在政策协同方面 → 要加强党对深化医改的全面领导，突出以人民健康为中心，创新"三医"协同发展和治理的跨部门工作机制，使制定的各项改革政策目标一致、措施协同、落地有声，提升治理的整体效能

2 在信息联通方面 → 要把"三医"数据共享和业务联动放在更加突出的位置，以检查检验结果互认、费用一站式结算、电子健康档案、电子病历规范查询、远程医疗、异地就医等业务应用场景为重点，切实提高协同治理、运行评价等决策和服务能力

3 在监管联动方面 → 治理医药领域损害群众健康权益的现象和问题，需要标本兼治，强化部门联动，全链条加强监管，形成"三医"标准统一、相互衔接、相互配合的监管格局，通过建立健全联合执法、联合惩戒制度，切实维护人民群众的生命安全和健康权益

加强以全科医生为重点的基层医疗卫生人才培养和配备，引导医疗卫生工作重心下移、资源下沉，为乡村医疗卫生人员建立县乡村上下贯通的职业发展机制，更好地发挥基层医疗卫生机构作用。加快建设基层首诊、双向转诊、急慢分治、上下联动的分级诊疗体系。推进紧密型医疗联合体建设，提升基层医疗服务能力，促进医疗资源上下贯通，提升医疗服务体系整体效能，更好地实施分级诊疗和满足群众健康需求。

深化公立医院改革，推动建立公益性为导向的运行新机制，改革人员编制标准及动态调整机制，建立分系列、分层次、分级别的新型人事管理体系，构建主要体现岗位职责和知识价值的薪酬体系，推动医疗服务价格动态调整。积极引导规范民营医院发展，促进其提质增效，提高自身医疗服务水平。

创新医疗卫生监管手段，建立健全联防联控机制和包容审慎有效的监管机制，提高公共卫生服务质量，严肃查处违法违规行为。

支持创新药和医疗器械发展，支持各种前沿技术研究，加快创新药、罕见病治疗药品、临床急需药品等以及创新医疗器械、疫情防控药械审评审批。发展完善中医药管理体系、评价体系、标准体系，遵循中医药发展规律，传承精华、守正创新，发挥好中医药的独特优势。

五、健全人口发展支持和服务体系

1. 加大生育支持

《决定》指出：以应对老龄化、少子化为重点完善人口发展战略，健全覆盖全人群、全生命周期的人口服务体系，促进人口高质量发展。完善生育支持政策体系和激励机制，推动建设生育友好型社会。

有效降低生育、养育、教育成本，完善生育休假制度，建立生育补贴制度，提高基本生育和儿童医疗公共服务水平，加大个人所得税抵扣力度。加强普惠育幼服务体系建设，支持用人单位办托、社区嵌入式托育、家庭托育点等多种模式发展。把握人口流动客观规律，推动相关公共服务随人走，促进城乡、区域人口合理集聚、有序流动。

树立"大人口观"，认识、适应、引领人口发展新常态，以系统观念认识人口本身及其变化规律，健全覆盖全人群、全生命周期的人口服务体系，以应对老龄化、少子化为重点完善人口发展战略，努力保持适度生育水平和人口规模，促进人的全面发展，以人口高质量发展支撑中国式现代化。

完善生育支持政策体系和激励机制，将婚嫁、生育、养育、教育一体考虑，注重利益引导，加大激励力度，完善和落实财政、税收、保险、教育、住房、就业等积极生育支持措施，努力消除各种妨碍生育率回升的障碍，建设生育友好型社会。

建立生育补贴制度，降低家庭育儿的时间成本和经济成本，着力破解"不想生、不敢生"难题。制定产假、育儿假、陪护假、哺乳假法规和管理办法，创造育儿友好的就业环境。提高基本生育和儿童医疗公共服务水平，提升生育全过程基本医疗保健服务能力，扩大辅助生殖技术服务供给，提高不孕不育防治水平，扩大分娩镇痛应用，完

降低生育、养育、教育成本的主要举措

- 建立生育补贴制度
- 提高基本生育和儿童医疗公共服务水平
- 完善生育休假制度
- 加大个人所得税抵扣力度
- 加强普惠育幼服务体系建设

善母婴健康、生殖健康、儿童健康服务体系。加大个人所得税抵扣力度，提高抵扣的照护婴幼儿年龄，提高抵扣比例。

完善托育服务体系，增加普惠性育幼服务投入，增加普惠托育服务供给、降低托育机构经营成本、提升托育服务质量，完善家庭育儿支持体系，鼓励各地创新"托幼一体化"模式，支持发展多种托育模式。

系统研究流动人口与生产力布局、公共服务配置、财政税收政策等重大问题，加强对流动人口的科学研判，促进人口合理集聚、有序流动，提高资源的利用效率。

2. 应对人口老龄化

《决定》指出：积极应对人口老龄化，完善发展养老事业和养老产业政策机制。发展银发经济，创造适合老年人的多样化、个性化就业岗位。按照自愿、弹性原则，稳妥有序推进渐进式延迟法定退休年龄改革。优化基本养老服务供给，培育社区养老服务机构，健全公办养老机构运营机制，鼓励和引导企业等社会力量积极参与，推进互助性养老服务，促进医养结合。加快补齐农村养老服务短板。改善对孤寡、残障失能等特殊困难老年人的服务，加快建立长期护理保险制度。

进一步完善应对人口老龄化的政策制度和服务体系。完善老龄工作体系，加大制度创新、政策供给、财政投入、工作统筹力度，完善发展养老事业和养老产业政策机制，加快健全社会保障体系、养老服务体系、健康支撑体系，促进老年友好社区、老年友好城市建设，走出一条中国特色积极应对人口老龄化道路。

推动银发经济高质量发展，积极开发适老化技术、设施和产品，推动养老服务业与健康、家政、体育、文化、旅游等产业融合发展，为老年人提供更安全、更专业的产品和服务，帮助老年群体更好跨越"数字鸿沟"，维护好老年消费者合法权益。鼓励老年人在自愿和量力的情况下继续就业，依法从事经营和生产活动。

什么是银发经济？

银发经济是向老年人提供产品或服务，以及为老龄阶段做准备等一系列经济活动的总和。其中既包括满足老年人就餐、就医、照护、文体等事业范畴的公共服务，又涵盖满足老龄群体和备老人群多层次、多样化产品和服务需求的各类市场经济活动，比如发展老年用品、智慧健康养老、康复辅助器具、抗衰老、养老金融产品、老年旅游服务、适老化改造等潜力产业。

稳妥有序推进渐进式延迟法定退休年龄改革，在统一实施的基础上，增加弹性因素，允许个人根据自身情况和条件，选择提前退休的具体时间，充分体现改革的灵活性和包容性。

充分发挥家庭、政府、企业、社会等多元主体的积极性，健全市场机制，综合利用公建民营、民办公助、政府购买服务等方式，持续完善居家为基础、社区为依托、机构为补充、医养相结合的养老服务体系，引导和鼓励社会力量积极参与养老服务和产品供给，推进志愿服务、低偿服务、时间银行三种形式的互助性养老服务，构建老年人健康教育、预防保健、疾病诊治、康复护理、长期照护、安宁疗护等相衔接的支撑体系，推动建设全国统一的养老服务大市场，促进企业规模化、连锁化、品牌化运营。坚持社会参与、全民行动，建设老年友好型社会。

关注农村老年人生活状况，精准有效地解决农村困难老人群体的基本生活问题，增强其生活幸福感。

加大对孤寡、残障失能等特殊困难老年群体的关爱照护，建立长期护理保险制度，为长期失能人员提供基本生活照料和医疗护理服务。

第十二讲

深化生态文明体制改革

一　完善生态文明基础体制

二　健全生态环境治理体系

三　健全绿色低碳发展机制

《决定》指出：中国式现代化是人与自然和谐共生的现代化。必须完善生态文明制度体系，协同推进降碳、减污、扩绿、增长，积极应对气候变化，加快完善落实绿水青山就是金山银山理念的体制机制。

　　中国式现代化是人与自然和谐共生的现代化。人与自然是生命共同体，中国式现代化注重同步推进物质文明建设和生态文明建设，坚持节约优先、保护优先、自然恢复为主的方针，践行绿水青山就是金山银山理念，坚持不懈推动绿色低碳发展，像保护眼睛一样保护自然和生态环境，尊重自然、顺应自然、保护自然，加快发展方式绿色转型，提升生态系统多样性、稳定性、持续性，走一条生产发展、生活富裕、生态良好的文明发展道路，既创造更多物质财富和精神财富以满足人民日益增长的美好生活需要，也提供更多优质生态产品以满足人民日益增长的高品质生态环境需要，让良好生态造福人民、泽被子孙，实现中华民族永续发展。

　　绿水青山就是金山银山理念，阐述了经济发展和生态环境保护的关系，揭示了保护生态环境就是保护生产力、改善生态环境就是发展生产力的道理，指明了实现发展和保护协同共生的新路径。绿水青山既是自然财富、生态财富，又是社会财富、经济财富。保护生态环境就是保护生产力，改善生态环境就是发展生产力，生态环境保护和经济发展不是矛盾对立的关系，而是辩证统一的关系。

一、完善生态文明基础体制

《决定》指出：实施分区域、差异化、精准管控的生态环境管理制度，健全生态环境监测和评价制度。建立健全覆盖全域全类型、统一衔接的国土空间用途管制和规划许可制度。健全自然资源资产产权制度和管理制度体系，完善全民所有自然资源资产所有权委托代理机制，建立生态环境保护、自然资源保护利用和资产保值增值等责任考核监督制度。完善国家生态安全工作协调机制。编纂生态环境法典。

充分尊重自然规律和区域差异，全面落实主体功能区战略，充分衔接国土空间规划和用途管制，尽快形成全域覆盖、精准科学、体系健全、机制顺畅、运行高效的生态环境分区域差异化精准管控制度。

健全生态环境监测制度，构建天空地海一体化监测网络，加速监测技术数智化转型，筑牢高质量监测数据根基，更好发挥生态环境监测对污染治理、生态保护、应对气候变化的支撑、引领和服务作用。健全生态环境评价制度，优化管理流程，强化环评保障，提升环评效率和质量，严格监督管理，推动责任落实，确保制度执行到位、生态环保要求落实到位。

健全国土空间用途管制和规划许可制度，保证不同类型国土空间能按照功能定位制定发展战略，明确各类空间的责任主体、管控措施。

完善全民所有自然资源资产所有权委托代理机制，明确各级人民政府或自然资源资产主管机构对本地区自然资源资产行使管理职权，确保自然资源资产的安全、保值、增值。

建立生态环境保护、自然资源保护利用和资产保值增值等责任考核监督制度，将资源消耗、环境破坏和生态效益等指标纳入领导干部的政绩综合考核评价体系，推动领导干部认真落实生态环境和自然资源保护、资产保值增值监督责任。

生态环境分区管控协调高质量发展与高水平保护

生态环境分区管控是以保障生态功能和改善环境质量为目标，实施分区域差异化精准管控的环境管理制度，是提升生态环境治理现代化水平的重要举措

截至2024年3月底

我国已划定生态环境管控单元**44604**个，共分优先保护单元、重点管控单元和一般管控单元3类，涵盖了大气、水、生态、土壤、海洋等各环境要素，为我国发展"明底线""划边框"，建立了"绿色标尺"

生态环境分区管控的目标任务

到2025年
生态环境分区管控制度基本建立，全域覆盖、精准科学的生态环境分区管控体系初步形成

到2035年
体系健全、机制顺畅、运行高效的生态环境分区管控制度全面建立，为生态环境根本好转、美丽中国目标基本实现提供有力支撑

资料来源：《我国已划定生态环境管控单元44604个》，《人民日报》2024年4月11日；《中共中央办公厅国务院办公厅关于加强生态环境分区管控的意见》，《人民日报》2024年3月18日

完善国家生态安全工作协调机制，以系统观念完善生态文明领域统筹协调机制，建立地上地下、陆海统筹的生态环境治理制度，全方位、全地域、全过程开展生态文明建设，提升生态系统质量和稳定性。

加快编纂生态环境法典，对现行生态环境法律制度规范进行系统

整合、编订纂修、集成升华，增强生态环境法律制度的系统性、整体性、协同性、时效性。

二、健全生态环境治理体系

1. 推进生态环境治理

《决定》指出：推进生态环境治理责任体系、监管体系、市场体系、法律法规政策体系建设。完善精准治污、科学治污、依法治污制度机制，落实以排污许可制为核心的固定污染源监管制度，建立新污染物协同治理和环境风险管控体系，推进多污染物协同减排。深化环境信息依法披露制度改革，构建环境信用监管体系。推动重要流域构建上下游贯通一体的生态环境治理体系。全面推进以国家公园为主体的自然保护地体系建设。

坚持目标导向与问题导向，贯彻落实新发展理念，完善生态环境政策体系建设，适应新发展阶段形势要求，科学谋划新思路，深入打好污染防治攻坚战、持续推进生态环境质量改善，全面推进生态文明和美丽中国建设。

完善污染物治理制度机制，加强全过程管理，加强企业环境治理责任制度建设，从源头防治污染，减少污染物排放，提高治污能力和水平。对固定污染源监督管理实施全流程和闭环管理，提升监管效能，坚决杜绝治理效果和监测数据造假。有效应对新污染物风险隐蔽、种类繁多等特点，健全覆盖源头、过程、末端环节的全过程协同治理举措。推进多污染物治理的目标协同、区域协同、领域协同、任务协同、政策协同、监管协同，促进治理工作深度耦合、同频共振。

加快建立企业自律、管理有效、监督严格、支撑有力的环境信息依法披露制度，规范环境信息依法披露的主体、内容、形式、时限、监督管理等基本内容，强化企业生态环境保护主体责任。构建环境信用监管体系，实现企业环境信用信息归集共享，增强企业环保自律和诚信意识，建立环保激励与约束并举的长效机制。

推动重要流域构建上下游贯通一体的生态环境治理体系，创建跨行政区域的流域综合管理体系，坚持以流域为单元统筹保护与发展，建立覆盖全流域的综合监测网络和大数据动态管理平台，开展流域综合管理，公平利用和合理分配水资源，形成流域生态文明齐抓共建共享的良好格局，促进流域经济社会和生态环境全面协调可持续发展。

加强顶层设计，理顺管理体制，创新运行机制，强化监督管理，完善政策支撑，建立分类科学、布局合理、保护有力、管理有效的以国家公园为主体的自然保护地体系，确保重要自然生态系统、自然遗迹、自然景观和生物多样性得到系统性保护。

2. 强化生态环境保护

《决定》指出：落实生态保护红线管理制度，健全山水林田湖草沙一体化保护和系统治理机制，建设多元化生态保护修复投入机制。落实水资源刚性约束制度，全面推行水资源费改税。强化生物多样性保护工作协调机制。健全海洋资源开发保护制度。健全生态产品价值实现机制。深化自然资源有偿使用制度改革。推进生态综合补偿，健全横向生态保护补偿机制，统筹推进生态环境损害赔偿。

坚持山水林田湖草沙一体化保护和系统治理，用系统思想方法看问题，按照生态系统的整体性、系统性及其内在规律，提升生态系统的多样性、稳定性、持续性。统筹考虑自然生态各要素、山上山下、地上地下、陆地海洋以及流域上下游之间的关系，整体施策、多措并举，从系统工程和全局角度推进生态环境治理，进行整体保护、系统修复、综合治理，提升生态系统循环能力，全方位、全地域、全过程开展生态文明建设。

落实水资源刚性约束制度，严守水资源开发利用上限，落实以水而定、量水而行的硬约束，把经济社会活动限定在水资源的承载能力之内，逐步实现我国人口、经济与水资源相均衡。推广水资源费改税，理顺水资源税费关系，健全地方税收体系，促进水资源高效利用。

强化生物多样性保护工作协调机制，促进相关单位各司其职，聚焦重点区域、领域和关键问题，协调一致，密切配合，互通信息，持续完善生物多样性保护体系，形成政府主导、全民参与、多边治理、合作共赢的机制，有序推进生物多样性保护工作。

健全海洋资源开发保护制度，规范海洋资源开发利用活动，实现海洋环境保护从单一要素向整体施策、由末端治理到全链条管理的转变，走富有中国特色的人海和谐之路。

健全生态产品价值实现机制，构建生态产品价值核算体系、生态产品价格体系、生态产品交易体系，提升生态产品供给能力，发展生态友好型绿色产业，探索建立多元的价值实现方式。坚持受益者付费

🔍 知识链接

什么是生态产品价值实现机制？

生态产品是指生态系统为经济活动和其他人类活动提供且被使用的货物和服务贡献，可分为物质供给、调节服务和文化服务产品。生态产品价值实现机制是指在严格保护生态环境的前提下，由政府和市场通过合理的路径和方式，将生态产品价值转化为经济价值和社会价值的制度形式。

原则，促进生态保护地区和受益地区的良性互动。

深化自然资源有偿使用制度改革，完善国有土地资源、水资源、矿产资源、国有森林资源、国有草原资源、海域海岛有偿使用制度，健全产权明晰、权能丰富、规则完善、监管有效、权益落实的全民所有自然资源资产有偿使用制度体系。

推进生态综合补偿，加快健全有效市场和有为政府更好结合、分类补偿与综合补偿统筹兼顾、纵向补偿与横向补偿协调推进、强化激励与硬化约束协同发力的生态保护补偿制度。深入推进流域横向生态保护补偿。推进生态环境损害赔偿，使污染者承担生态修复和损害赔偿责任。

三、健全绿色低碳发展机制

《决定》指出：实施支持绿色低碳发展的财税、金融、投资、价格政策和标准体系，发展绿色低碳产业，健全绿色消费激励机制，促进绿色低碳循环发展经济体系建设。优化政府绿色采购政策，完善绿色税制。完善资源总量管理和全面节约制度，健全废弃物循环利用体系。健全煤炭清洁高效利用机制。加快规划建设新型能源体系，完善新能源消纳和调控政策措施。完善适应气候变化工作体系。建立能耗双控向碳排放双控全面转型新机制。构建碳排放统计核算体系、产品碳标识认证制度、产品碳足迹管理体系，健全碳市场交易制度、温室气体自愿减排交易制度，积极稳妥推进碳达峰碳中和。

贯彻绿色低碳发展理念，全方位全过程推行绿色规划、绿色设计、绿色投资、绿色建设、绿色生产、绿色流通、绿色生活、绿色消费，加快推动产业结构、能源结构、交通运输结构绿色化，建立健全绿色低碳循环发展经济体系，加快形成绿色发展方式，促进经济社会发展

贯彻绿色低碳发展理念

全方位全过程推行

绿色规划　绿色设计　绿色投资

绿色建设　绿色生产　绿色流通

绿色生活　绿色消费

全面绿色转型。加快形成绿色消费方式，完善绿色产品推广机制，扩大绿色低碳产品供给，开展创建节约型机关和绿色家庭、绿色学校、绿色社区等活动，增强全民节约意识、环保意识、生态意识，引导人们在追求生活方便舒适的同时养成简约适度、绿色低碳的文明风尚和行为习惯。

在政府采购中全面推广绿色建筑、绿色建材、绿色电器等产品。完善以环保税为主体，以企业所得税、增值税等其他税种为补充的绿色税制体系。

实施全面节约战略，推进各类资源节约集约利用，加快构建废弃物循环利用体系，持续推进资源循环利用，把经济活动、人的行为限制在自然资源和生态环境能够承受的限度内，给自然生态留下休养生息的时间和空间。

大力推进煤炭清洁高效利用，大力推动煤电节能降碳改造、灵活性改造、供热改造"三改联动"。加快规划建设新型能源体系，把促进新能源和清洁能源发展放在更加突出的位置，统筹推进系统调节能力和新能源消纳能力建设，推动能源技术与现代信息、新材料和先进制造技术深度融合，探索能源生产和消费新模式。

完善适应气候变化工作体系，强化适应气候变化在区域发展规划、重大工程设计、项目环评等方面的硬约束，形成党委领导、政府主导、部门协同、社会参与的适应气候变化工作格局。

坚持降碳、减污、扩绿、增长协同推进，坚持全国统筹、节约优先、双轮驱动、内外畅通、防范风险的原则，立足我国能源资源禀赋，加强政策衔接，坚持先立后破、通盘谋划，在降碳的同时确保能源安全、产业链供应链安全、粮食安全，确保群众正常生活，科学把握、稳妥有序推进碳达峰碳中和工作。

第十三讲

推进国家安全体系和能力现代化

《决定》指出：国家安全是中国式现代化行稳致远的重要基础。必须全面贯彻总体国家安全观，完善维护国家安全体制机制，实现高质量发展和高水平安全良性互动，切实保障国家长治久安。

国家安全是民族复兴的根基。习近平总书记强调："我们党要巩固执政地位，要团结带领人民坚持和发展中国特色社会主义，保证国家安全是头等大事。"必须以高质量发展促进高水平安全，以高水平安全助力高质量发展，实现发展和安全动态平衡、相得益彰。

2014年4月15日，习近平总书记在中央国家安全委员会第一次会议上提出了总体国家安全观的重大战略思想。总体国家安全观坚持国家利益至上，以人民安全为宗旨，以政治安全为根本，以经济安全为基础，以军事、文化、社会安全为保障，以促进国际安全为依托，统筹外部安全和内部安全、国土安全和国民安全、传统安全和非传统安全、自身安全和共同安全，完善国家安全制度体系，加强国家安全能力建设，坚定维护国家主权、安全、发展利益，为推进国家安全体系和能力现代化提供了根本遵循和行动指南。

一、健全国家安全体系

《决定》指出：强化国家安全工作协调机制，完善国家安全法治体系、战略体系、政策体系、风险监测预警体系，完善重点领域安全保障体系和重要专项协调指挥体系。构建联动高效的国家安全防护体系，推进国家安全科技赋能。

完善国家安全工作机制，完善集中统一、高效权威的国家安全领导体制，加强国家安全工作组织协调，强化国家安全工作协调机制，统筹国家安全各领域、各要素、各层面，构建系统完备、科学规范、运行有效的国家安全制度体系，健全国家安全保障体制机制，强化经济、重大基础设施、金融、网络、数据、生物、资源、核、太空、海洋等重点领域安全保障体系建设，完善重要专项协调指挥体系。

强化重点领域安全保障体系建设

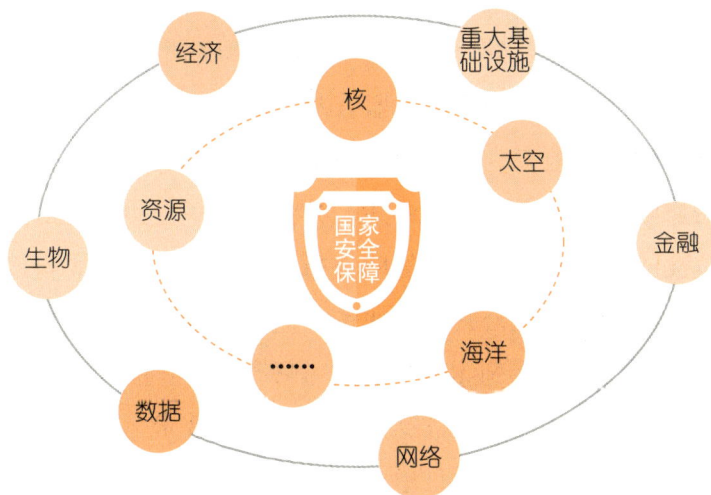

🎙 **权威声音**

习近平（中共中央总书记、国家主席、中央军委主席）：统筹发展和安全，贯彻总体国家安全观，健全国家安全体系，增强维护国家安全能力，坚定维护国家政权安全、制度安全、意识形态安全和重点领域安全。

完善国家安全力量布局，建立健全跨部门跨地区国家安全风险研判、防控协同、防范化解联合工作机制，提高运用科学技术维护国家安全的能力，构建全域联动、立体高效的国家安全防护体系。

二、完善公共安全治理机制

《决定》指出：健全重大突发公共事件处置保障体系，完善大安全大应急框架下应急指挥机制，强化基层应急基础和力量，提高防灾减灾救灾能力。完善安全生产风险排查整治和责任倒查机制。完善食品药品安全责任体系。健全生物安全监管预警防控体系。加强网络安全体制建设，建立人工智能安全监管制度。

推动构建大安全大应急框架，坚持预防与应急并重、常态与非常态结合的原则，推动应急管理共建、共治、共享，构建统一指挥、专常兼备、反应灵敏、上下联动的应急指挥机制，健全中央与地方分级响应机制，确保对突发公共事件快速反应、有效处置。加快应急平台互联互通建设，整合专业机构报告、科研单位预警、舆情监测等渠道，充分运用人工智能、大数据等新一代信息技术，构建智慧化预警体系，提高敏感性和准确性，形成系统化体系化监测预警能力。全面加强我国应急力量体系建设，系统谋划、科学统筹应急救援力量的整体建设，构建立体式、全天候、全灾种、高水平的综合应急救援体系，全面提高国家综合防灾减灾救灾能力。

基层是国家应急管理体系的基础，要进一步提升基层应急管理能力，推动应急管理工作力量下沉、保障下倾、关口前移，有效防范化解重大安全风险，及时有力有效处置各类灾害事故，筑牢安全屏障，守牢安全底线。

进一步提升基层应急管理能力

理顺管理体制

加强党对基层应急管理工作的领导，发挥应急管理部门综合优势以及相关部门和有关方面专业优势，衔接好"防"和"救"的责任链条，健全大安全大应急框架

完善工作机制

推动形成隐患排查、风险识别、监测预警、及时处置闭环管理，做到预防在先、发现在早、处置在小

健全保障机制

加大基础性投入，根据地区人口数量、经济规模、灾害事故特点、安全风险程度等因素，配齐配强应急救援力量

强化教育培训

强化对基层干部教育培训，提升社会公众风险防范意识和自救互救能力

完善安全生产风险排查整治机制，重心下沉、关口前移，深入排查各领域各环节安全生产隐患，特别是危险化学品、矿山、交通运输、工业园、城市建设、危险废物等重点领域安全整治，真正把问题解决在萌芽之时、成灾之前。完善安全生产责任倒查机制，以严肃追责问责促进安全生产责任有效落实，督促党员干部和公职人员负责守责尽责。强化食品药品安全监管，完善食品药品安全责任体系，明确地方政府食品药品安全领导责任，将食品药品安全工作纳入地方党政领导干部考核内容，完善地方食品药品安全工作考核评估体系。

王小洪（二十届中央书记处书记，国务委员、国务院党组成员，公安部部长、党委书记，中央政法委员会副书记，总警监，国务院安委会副主任）：公共安全一头连着千家万户，一头连着经济社会发展，是社会安定有序的风向标。要坚持安全第一、预防为主，不断完善公共安全治理机制，推动公共安全治理模式向事前预防转型，提高公共安全治理水平。

健全生物安全监管预警防控体系，加强生物安全领域的统筹协调和系统布局，完善国家生物安全风险预防、评估和预警机制，有效应对生物安全危机。

加强网络安全体制建设，加快完善网络安全保护政策和标准体系，推动各行业各领域强化关键信息基础设施安全保护。加快推进人工智能安全治理，加强对人工智能发展潜在风险的研判和防范，建立健全人工智能安全治理体系，确保人工智能安全、可靠、可控，始终朝着有利于人类文明进步的方向发展。

三、健全社会治理体系

1. 完善社会治理制度、健全社会服务体系

《决定》指出：坚持和发展新时代"枫桥经验"，健全党组织领导的自治、法治、德治相结合的城乡基层治理体系，完善共建共治共享的社会治理制度。探索建立全国统一的人口管理制度。健全社会工作

体制机制，加强党建引领基层治理，加强社会工作者队伍建设，推动志愿服务体系建设。推进信访工作法治化。提高市域社会治理能力，强化市民热线等公共服务平台功能，健全"高效办成一件事"重点事项清单管理机制和常态化推进机制。健全社会心理服务体系和危机干预机制。健全发挥家庭家教家风建设在基层治理中作用的机制。深化行业协会商会改革。健全社会组织管理制度。

坚持和发展新时代"枫桥经验"，树立强基固本思想，牢牢抓住基层基础这一本源，最大限度把矛盾风险防范化解在基层，实现小事不出村、大事不出镇、矛盾不上交。建立党组织统一领导、政府依法履责、各类组织积极协同、群众广泛参与，自治、法治、德治相结合的城乡基层治理体系，健全常态化管理和应急管理动态衔接的基层治理机制，构建网格化管理、精细化服务、信息化支撑、开放共享的基层管理服务平台。坚持和完善共建共治共享的社会治理制度，捍卫政治安全、强化治安防控、化解矛盾纠纷、维护公共安全，确保人民安居乐业、社会安定有序、国家长治久安。

新时代"枫桥经验"的内涵

② 正确处理人民内部矛盾　　**④** 把问题解决在基层

① 坚持党的群众路线　　**③** 紧紧依靠人民群众　　**⑤** 把问题化解在萌芽状态

探索建立全国统一的人口管理制度，优化人口登记管理、人口信息管理、人口服务管理，更好保障公民合法权利、便利公民社会生活，同时也为社会治理、国家安全提供基础性支撑。

加强党建引领基层治理，以基层党组织为中心，建立科学、顺畅、高效、严密的组织体系，为推进基层治理体系和治理能力现代化提供坚强组织保障。完善社会工作者队伍培养、评价、使用和激励保障制度，推进社会工作者队伍专业化、职业化建设。大力弘扬志愿精神，拓展志愿服务领域，完善支持保障措施。

提高市域社会治理能力，将社会治理置于市域经济社会发展全局中统筹谋划，健全市域各领域、各层面、各环节社会治理工作机制，加强条块融合，实现信息互通、资源共享、工作联动，有效整合各方资源力量，增强市域社会治理的整体性和协同性。充分发挥政务服务平台支撑作用，健全"高效办成一件事"重点事项清单管理机制和常态化推进机制，尽快形成泛在可及、智慧便捷、公平普惠的高效政务服务体系。

健全社会心理服务体系和危机干预机制，打造专业力量与社会力量融为一体的社会心理服务工作队伍，建设以公益为基础、社会为补充，覆盖全人群、涵盖生命全过程的心理服务专业平台，及时对突发

健全"高效办成一件事"重点事项清单管理机制和常态化推进机制的目标任务

| 实现办事方式多元化 | 实现办事流程最优化 | 实现办事材料最简化 | 实现办事成本最小化 |

性个体心理危机与群体心理危机进行应急干预。

健全发挥家庭家教家风建设在基层治理中作用的机制。以建设文明家庭、实施科学家教、传承优良家风为重点，推动形成爱国爱家、相亲相爱、向上向善的社会主义家庭文明新风尚，使家庭家教家风建设在基层治理中发挥应有的作用。

深化行业协会商会改革，使其成为加强和改善行业管理与市场治理的重要支撑力量，成为联系政府、企业、市场的重要桥梁和纽带。

健全社会组织管理制度，建立政社分开、权责明确、依法自治的社会组织制度，激发社会组织在参与社会事务、维护公共利益等方面的活力，充分发挥社会组织服务国家、服务社会、服务群众、服务行业的作用，努力走出一条具有中国特色的社会组织发展之路。

2. 充实基层力量、强化社会治安

《决定》指出：健全乡镇（街道）职责和权力、资源相匹配制度，加强乡镇（街道）服务管理力量。完善社会治安整体防控体系，健全扫黑除恶常态化机制，依法严惩群众反映强烈的违法犯罪活动。

按照基本公共服务均等化的发展方向，改进乡镇（街道）基本公共服务投入机制，有效提升乡镇（街道）服务水平，形成职能科学、运转有序、保障有力、服务高效、人民满意的乡镇（街道）政务服务管理体制机制。

完善社会治安整体防控体系，坚持系统治理、依法治理、综合治理、源头治理，健全点线面结合、网上网下结合、人防物防技防结合、打防管控结合的立体化社会治安防控体系，着力提高动态化、信息化条件下驾驭社会治安局势能力。总结扫黑除恶专项斗争创新的行之有效的做法和积累的宝贵经验，及时将其上升为制度规范，形成防范黑恶势力卷土重来的长效机制。

2023年，全国公安机关持续深入推进常态化扫黑除恶斗争，共打掉涉黑恶犯罪组织1900余个，抓获犯罪嫌疑人2.7万名，破获各类刑事案件2.9万余起。2023年，公安部挂牌督办37起案情重大、复杂的涉黑恶案件，强化指导督办、专家支持，推动案件侦办工作有序开展。同时，全力缉捕涉黑涉恶在逃人员，各地目标逃犯到案1222名，其中境内1105名、境外117名。针对黑恶犯罪向网络发展蔓延的严峻态势，公安部部署各地公安机关深入开展打击惩治涉网黑恶犯罪专项行动，共打掉涉网黑恶犯罪组织795个，抓获犯罪嫌疑人1.2万余名，破获刑事案件1.8万起。全国公安刑侦部门积极参与打击长江非法采砂、打击整治盗采海砂等专项行动，持续推进打击重点行业领域黑恶势力，打掉自然资源领域涉黑组织28个。2023年9月，全国公安刑侦部门会同相关部门深入推进教育、金融放贷、市场流通等重点行业领域整治，共侦办相关领域涉黑恶案件800余起，抓获犯罪嫌疑人6000余名。

（摘编自熊丰、曾凡乙:《2023年公安机关打掉涉黑恶犯罪组织1900余个》，新华网，2024年1月17日）

四、完善涉外国家安全机制

《决定》指出：建立健全周边安全工作协调机制。强化海外利益和投资风险预警、防控、保护体制机制，深化安全领域国际执法合作，维护我国公民、法人在海外合法权益。健全反制裁、反干涉、反

"长臂管辖"机制。健全维护海洋权益机制。完善参与全球安全治理机制。

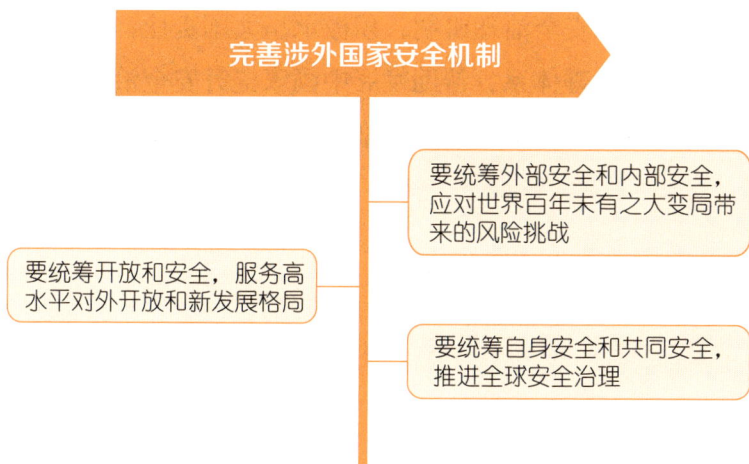

建立健全周边安全工作协调机制，重视周边各国合理安全关切，秉持安全不可分割原则，构建均衡、有效、可持续的安全架构，提升区域公共卫生安全治理能力，增强生物安全、危险传染病防治、医疗物资、疫苗药物技术等领域合作，同地区国家走出一条对话而不对抗、结伴而不结盟、共赢而非零和的新型安全之路。

强化海外利益和投资风险预警、防控、保护体制机制，维护我国公民、法人在海外合法权益，建立强有力的海外利益安全保障体系。坚持合作共赢，开展国家执法合作，加强互学互鉴，深化经验交流，对突出犯罪活动和恐怖主义威胁开展有针对性的联合打击行动，共同应对各类安全威胁。

健全反制裁、反干涉、反"长臂管辖"机制，统筹推进国内法治和涉外法治，加快涉外安全法治工作战略布局，综合利用立法、执法、司法等手段开展斗争，有效应对挑战、防范风险，坚定维护国家主权、安全、发展利益。

健全维护海洋权益机制，增强忧患意识和使命感，不断提高对海洋的实际管控能力，维护海上战略通道和海外利益安全，坚决反对外部势力的干涉和介入，有针对性地做好维护海洋权益军事斗争准备。

完善参与全球安全治理机制，积极承担大国责任，推动构建公正合理的全球安全治理体系，帮助发展中国家提升安全治理能力，为全球应对安全风险、消除治理赤字、推动构建普遍安全和可持续安全作出贡献。

第十四讲

持续深化国防和军队改革

- 一 完善人民军队领导管理体制机制
- 二 深化联合作战体系改革
- 三 深化跨军地改革

《决定》指出：国防和军队现代化是中国式现代化的重要组成部分。必须坚持党对人民军队的绝对领导，深入实施改革强军战略，为如期实现建军一百年奋斗目标、基本实现国防和军队现代化提供有力保障。

强国必须强军，军强才能国安。在全面建设社会主义现代化国家、全面推进中华民族伟大复兴的新征程上，必须把国防和军队建设摆在更加重要的位置，以习近平强军思想为指导，加快建设巩固国防和强大军队。当前和今后一个时期是国防和军队现代化建设的关键时期，必须加快推进军事理论现代化、军队组织形态现代化、军事人员现代化、武器装备现代化。

深入实施改革强军战略，推动国防和军队建设高质量发展。从一切不合时宜的思维定势、固有模式、路径依赖中解放出来，勇于改革、善于创新，坚定不移把改革强军进行到底。奋力实现建军一百年奋斗目标，加快把人民军队建成世界一流军队。

一、完善人民军队领导管理体制机制

《决定》指出：健全贯彻军委主席负责制的制度机制，深入推进政治建军。优化军委机关部门职能配置，健全战建备统筹推进机制，完善重大决策咨询评估机制，深化战略管理创新，完善军事治理体系。健全依法治军工作机制。完善作战战备、军事人力资源等领域配套政策制度。深化军队院校改革，推动院校内涵式发展。实施军队企事业单位调整改革。

军委主席负责制是坚持党对人民军队绝对领导的制度"龙头"，落实党对人民军队绝对领导，首要的是维护和贯彻军委主席负责制。全军要始终在政治立场、政治方向、政治原则、政治道路上同党中央、习近平主席保持高度一致，进一步强化贯彻军委主席负责制的政治自觉，以更高标准、更严要求健全贯彻军委主席负责制体制机制，确保部队绝对忠诚、绝对纯洁、绝对可靠。

完善军事治理体系，强化系统观念，坚持问题导向，加强全局统筹，加强跨部门跨领域协调，提高军事治理系统性、整体性、协同性。加强军事治理顶层设计和战略谋划，优化完善指挥体系、管理体系、力量体系、制度体系，不断提高军队组织形态现代化水平，加强各领域治理、全链路治理、各层级治理。深入推进战略管理创新，健全完善需求科学生成、快速响应、有效落实机制，走开全过程专业化评估路子，确保链路顺畅高效，发挥军事系统运行整体效能。坚持以

军委主席负责制

是坚持党对人民军队绝对领导的根本制度和根本实现形式

内容

▶ 全国武装力量由军委主席统一领导和指挥

▶ 国防和军队建设一切重大问题由军委主席决策和决定

▶ 中央军委全面工作由军委主席主持和负责

　　习近平（中共中央总书记、国家主席、中央军委主席）：一个现代化国家必然是法治国家，一支现代化军队必然是法治军队。深入推进依法治军、从严治军，是全面推进依法治国总体布局的重要组成部分，是实现强军目标的必然要求。整个国家都在建设中国特色社会主义法治体系、建设社会主义法治国家，军队法治建设不抓紧，到时候就跟不上趟了。

战领建，加强战建备统筹，进一步突出战的牵引、提升建的效能、强化备的支撑，形成战、建、备一体推进的良好局面。

　　深化军队院校改革，建强新型军事人才培养体系，创新军事人力资源管理。

　　依法治军是我们党建军治军的基本方式，贯彻依法治军战略、强化法治效能、建设法治军队是军事法治的核心要义。强化运用法治提高我军打赢现代战争能力、保障我军有效履行新时代使命任务，完善中国特色军事法治体系，形成系统完备、严密高效的军事法规制度体系、军事法治实施体系、军事法治监督体系、军事法治保障体系。以法治要求转变治军方式，强化全军官兵法治信仰和法治思维，在全军形成党委依法决策、机关依法指导、部队依法行动、官兵依法履职的良好局面。

二、深化联合作战体系改革

　　《决定》指出：完善军委联合作战指挥中心职能，健全重大安全领域指挥功能，建立同中央和国家机关协调运行机制。优化战区联合作战指挥中心编成，完善任务部队联合作战指挥编组模式。加强网络信息体系建设运用统筹。构建新型军兵种结构布局，加快发展战略威慑力量，大力发展新域新质作战力量，统筹加强传统作战力量建设。优化武警部队力量编成。

军委联合作战指挥中心是军委的战略指挥中枢，完善军委联合作战指挥中心职能是实施改革强军战略的重要内容。加强国家安全形势研判，加强军事斗争现实应对，加强指挥运行实践创新。理顺有关重大关系，健全完善联合作战指挥运行机制；适应改革要求，加紧形成科学配套的联合作战法规体系。

优化军委联合作战指挥机构和战区联合作战指挥机构，打造善谋打仗、指挥高效、敢打必胜的联合作战指挥机构，构建平战一体、常态运行、专司主营、精干高效的战略战役指挥体系。明确联合作战的作战指挥、作战行动、作战保障、国防动员、政治工作等原则要求和基本程序，从力量、战场、阶段、行动、作战与保障等方面着手，实现参战力量的优势互补、战场空间的相互照应、作战时间的紧密衔接、作战行动的密切配合、作战保障的及时有力、作战效果的充分利

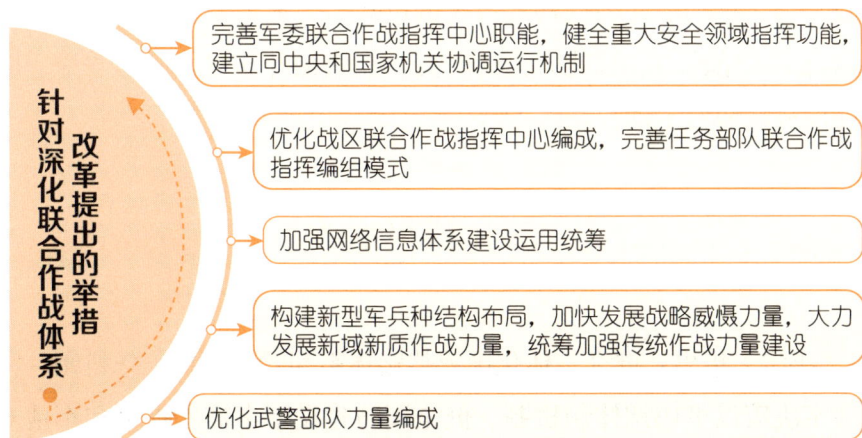

针对深化联合作战体系 改革提出的举措

完善军委联合作战指挥中心职能，健全重大安全领域指挥功能，建立同中央和国家机关协调运行机制

优化战区联合作战指挥中心编成，完善任务部队联合作战指挥编组模式

加强网络信息体系建设运用统筹

构建新型军兵种结构布局，加快发展战略威慑力量，大力发展新域新质作战力量，统筹加强传统作战力量建设

优化武警部队力量编成

用。改变单一军种作战的思维定势，树立诸军兵种一体化联合作战的思想观念；改变固守部门利益的思维定势，树立全军一盘棋、全国一盘棋的思想观念。

🔍 知识链接

中国人民解放军已经形成怎样的新型军兵种结构布局？

中国人民解放军已总体形成中央军委领导指挥下的陆军、海军、空军、火箭军等军种，军事航天部队、网络空间部队、信息支援部队、联勤保障部队等兵种的新型军兵种结构布局。随着形势任务的发展，中国人民解放军将不断完善中国特色军事力量体系。

以新需求为牵引、以新技术为支撑、以新能力为标志，加快发展太空、网络、人工智能等领域的新域新质作战力量，使军事力量建设向新兴领域拓展、向新质力量聚焦，通过功能融合、智能改造、战法创新，充分挖掘新域新质潜力资源，把先进的科技力转化为保障打赢的战斗力，推动战斗力结构从传统的以兵力、火力、机动力为主，向以信息力、结构力、智能力为主转变，有效提升非对称制衡效果，助力夺取战略博弈主动权。

三、深化跨军地改革

《决定》指出：健全一体化国家战略体系和能力建设工作机制，完善涉军决策议事协调体制机制。健全国防建设军事需求提报和军地对接机制，完善国防动员体系。深化国防科技工业体制改革，优化国防科技工业布局，改进武器装备采购制度，建立军品设计回报机制，构建武器装备现代化管理体系。完善军地标准化工作统筹机制。加强航天、军贸等领域建设和管理统筹。优化边海防领导管理体制机制，完善党政军警民合力治边机制。深化民兵制度改革。完善双拥工作机制。

深入推进军民融合发展，强化军民一体化的国家战略体系和能力，逐步实现国家各领域战略布局一体融合、战略资源一体整合、战略力量一体运用，加强军地战略规划统筹、政策制度衔接、资源要素共享。

统筹资源配置，完善国防动员体系，进一步优化动员体制、提升动员能力、创新动员模式、拓宽动员领域，构建潜力需求对接、预征预储预置、军地技术嫁接机制，做到军事效益与社会效益相互促进、共同提高，提升对打赢未来战争的支撑度和贡献率，打造上下贯通、横向联通、机制完善、运转高效的国防动员和后备力量体系。

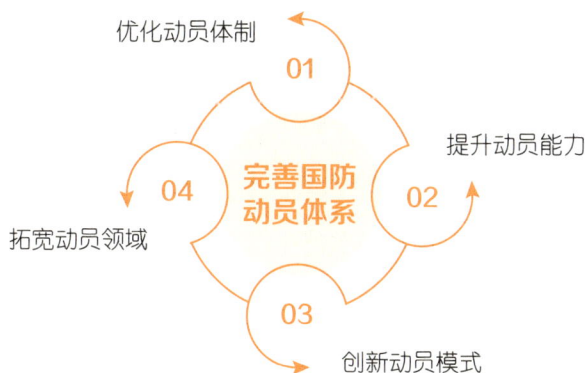

在更广范围、更高层次、更深程度上把军事创新体系纳入国家创新体系之中，深化国防科技工业体制改革，优化国防科技工业体系和布局，加强国防科技工业能力建设，促进经济和国防协调发展、平衡发展、兼容发展，实现经济建设和国防建设综合效益最大化。

习近平（中共中央总书记、国家主席、中央军委主席）：加强跨军地治理是全面加强军事治理的应有之义，是巩固提高一体化国家战略体系和能力的内在要求。中央和国家机关有关部门、地方各级党委和政府要强化国防意识，加强统筹协调，尽好国防建设领域应尽的责任。军队要同地方搞好沟通协调，充分发挥军事需求对国防建设的牵引作用。要持续优化体制机制，完善组织体系，健全政策制度，形成各司其职、紧密协作、规范有序的跨军地工作格局。

构建武器装备现代化管理体系，坚持作战需求的根本牵引，坚持体系建设、体系运用，坚持抓好武器装备质量建设，向创新要效益，提高武器装备建设专业化、精细化、科学化管理水平，推动武器装备质量迭代提升。

深化全民国防教育，不断提高民兵基于打赢战争和服务大局的组织动员力、快速反应力和支援保障力，发挥双拥工作联系军地军民的桥梁纽带作用，更好服务党和国家工作大局、国防和军队建设全局，巩固发展坚如磐石的军政军民关系。

第十五讲

提高党对进一步全面深化改革、推进中国式现代化的领导水平

一　坚持党中央对进一步全面深化改革的集中统一领导

二　深化党的建设制度改革

三　深入推进党风廉政建设和反腐败斗争

四　以钉钉子精神抓好改革落实

《决定》指出：党的领导是进一步全面深化改革、推进中国式现代化的根本保证。必须深刻领悟"两个确立"的决定性意义，增强"四个意识"、坚定"四个自信"、做到"两个维护"，保持以党的自我革命引领社会革命的高度自觉，坚持用改革精神和严的标准管党治党，完善党的自我革命制度规范体系，不断推进党的自我净化、自我完善、自我革新、自我提高，确保党始终成为中国特色社会主义事业的坚强领导核心。

坚持中国共产党领导，是中国式现代化最鲜明的特征和最突出的优势，是推进中国式现代化必须坚持的最高原则。党的领导决定中国式现代化的根本性质，确保中国式现代化锚定奋斗目标行稳致远。推进中国式现代化，必须坚持和加强党的全面领导，以党的旗帜为旗帜、以党的方向为方向、以党的意志为意志，充分发挥党总揽全局、协调各方的领导核心作用。只有毫不动摇坚持和加强党的全面领导，中国式现代化才有坚强领导核心，才能战胜前进道路上的各种风险挑战，才会前景光明、繁荣兴盛；否则就会偏离航向、丧失灵魂，甚至犯颠覆性错误。

要用改革精神和严的标准管党治党，完善党的领导制度体系，进一步健全全面从严治党体系，在实践中探索、在探索中深化，切实把党的领导落实到改革发展稳定、内政外交国防、治党治国治军等各领域各方面各环节，使全面从严治党各项工作更好体现时代性、把握规律性、富于创造性，不断把全面从严治党引向深入，做到管党有方、治党有力，不断增强党的创造力、凝聚力、战斗力，为进一步全面深化改革和推进强国建设、民族复兴伟业提供坚强政治保证。

一、坚持党中央对进一步全面深化改革的集中统一领导

《决定》指出：党中央领导改革的总体设计、统筹协调、整体推进。完善党中央重大决策部署落实机制，确保党中央令行禁止。各级党委（党组）负责落实党中央决策部署，谋划推进本地区本部门改革，鼓励结合实际开拓创新，创造可复制、可推广的新鲜经验。走好新时代党的群众路线，把社会期盼、群众智慧、专家意见、基层经验充分吸收到改革设计中来。围绕解决突出矛盾设置改革议题，优化重点改革方案生成机制，坚持真理、修正错误，及时发现问题、纠正偏差。完善改革激励和舆论引导机制，营造良好改革氛围。

健全总揽全局、协调各方的党的领导制度体系，完善党中央重大决策部署落实机制，确保党中央政令畅通、令行禁止，确保全党在政治立场、政治方向、政治原则、政治道路上同党中央保持高度一致，确保党的团结统一。坚决维护党中央权威和集中统一领导，把党的领导贯穿改革各方面全过程，不断增强党的政治领导力、思想引领力、群众组织力、社会号召力，不断激发广大党员干部群众的积极性主动性创造性，把改革引向深入。坚持整体推进、统筹推进各领域改革，强化改革措施的协调配套，使各项改革措施在政策取向上相互配合，在实施过程中相互促进。

各级领导干部要打破陈旧的思维惯性和工作惯性，在充分了解本地区本部门具体实际的基础上，既要不折不扣落实党中央改革决策部署，杜绝"作选择""打折扣"，又要善用创新思维，充分发挥各地区、各部门、各单位的优势和潜力，敢于担当、善于作为，大力破除

坚持党中央对进一步全面深化改革的集中统一领导的要求

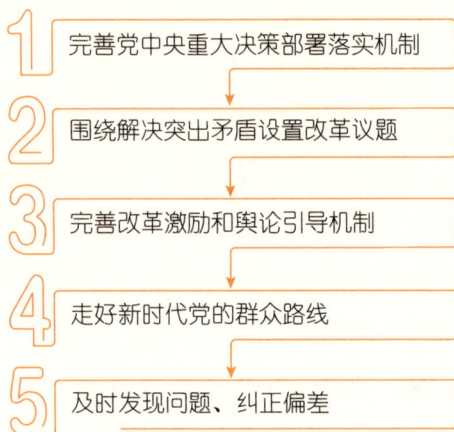

1 完善党中央重大决策部署落实机制

2 围绕解决突出矛盾设置改革议题

3 完善改革激励和舆论引导机制

4 走好新时代党的群众路线

5 及时发现问题、纠正偏差

体制机制障碍，大胆突破条条框框束缚，找到符合当地实际情况的切实可行的改革路径和举措，富有成效地贯彻落实改革决策部署。

走好新时代党的群众路线，坚持问政于民，充分尊重人民主体地位，充分调动人民群众的积极性、主动性和创造性，最大限度把人民群众中蕴藏的无穷智慧和力量凝聚到改革的伟大实践中来，使人民群众成为改革的参与者、推动者而不是被动承受者。改革方案的制定和实施，都要充分听取社会各方面特别是基层群众的意见和建议，防止"刻舟求剑""闭门造车""异想天开"。

完善改革激励机制，从激励政策的制定、执行到反馈、评估，实施短期激励和长期激励相结合，抓住关键环节，以多元化、实效化的激励机制提升激励效果，推动激励效果的持续性、常态性，增强干部的荣誉感和获得感。鼓励基层勇于改革，大胆试、大胆闯，坚持从实践中获得真知。完善舆论引导机制，加强对网络舆论的正确引导，积唐方裕（中央政策研究室副主任）：办好中国的事情关键在党。进一步全面深化改革、推进中国式现代化，必须不断提高党的领导水平，切实加强和改进党的建设。正是基于党的领导和党的建设的极端重要性，全会《决定》在总结经验、阐述意义、提出原则、部署举措中，都把党的领导和党的建设作为重要内容。

极为敢于改革、勇于作为的干部正名、正声、正形，加大对改革先进典型的宣传力度，构建有利于改革的和谐社会环境。

二、深化党的建设制度改革

《决定》指出：以调动全党抓改革、促发展的积极性、主动性、创造性为着力点，完善党的建设制度机制。加强党的创新理论武装，建立健全以学铸魂、以学增智、以学正风、以学促干长效机制。深化干部人事制度改革，鲜明树立选人用人正确导向，大力选拔政治过硬、敢于担当、锐意改革、实绩突出、清正廉洁的干部，着力解决干部乱作为、不作为、不敢为、不善为问题。树立和践行正确政绩观，健全有效防范和纠治政绩观偏差工作机制。落实"三个区分开来"，激励干部开拓进取、干事创业。推进领导干部能上能下常态化，加大调整不适宜担任现职干部力度。健全常态化培训特别是基本培训机制，强化专业训练和实践锻炼，全面提高干部现代化建设能力。完善和落实领导干部任期制，健全领导班子主要负责人变动交接制度。增强党组织政治功能和组织功能。探索加强新经济组织、新社会组织、新就业群体党的建设有效途径。完善党员教育管理、作用发挥机制。完善党内法规，增强党内法规权威性和执行力。

不断用党的创新理论武装全党，坚持用习近平新时代中国特色社会主义思想统一思想、统一意志、统一行动，坚持学思用贯通、知信行统一，把习近平新时代中国特色社会主义思想转化为坚定理想、锤炼党性和指导实践、推动工作的强大力量，为全党注入当代中国马克思主义、21世纪马克思主义活的灵魂，真正使各级党组织、广大党员干部特别是领导干部掌握先进的理论武器，提高马克思主义理论水平和实践水平，共同把党的创新理论的真理力量转化为进一步全面深化改革的实践力量。

深化干部人事制度改革，为造就适应进一步全面深化改革需要的高素质干部队伍、人才队伍提供制度保障。适应进一步全面深化改革新要求，抓住干部群众反映强烈的突出问题，构建有效管用、简便易

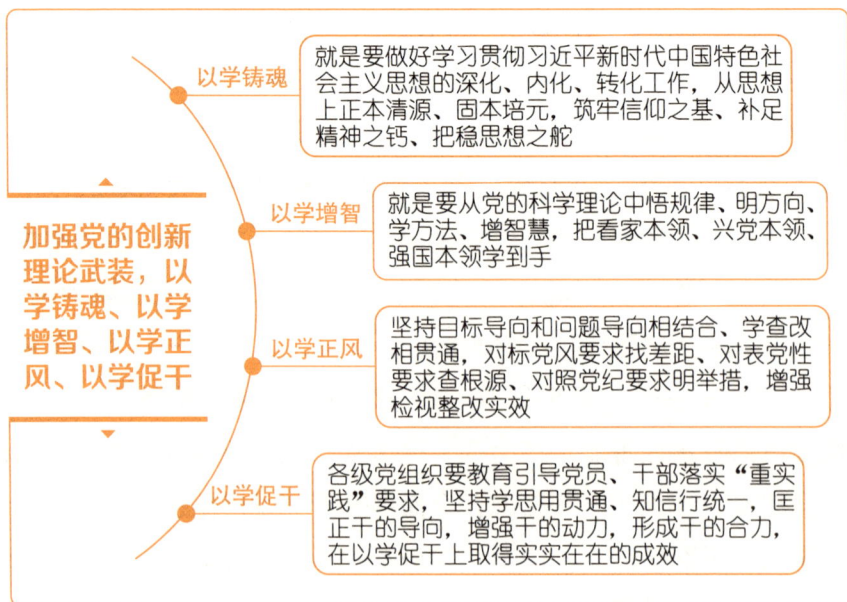

加强党的创新理论武装，以学铸魂、以学增智、以学正风、以学促干

以学铸魂：就是要做好学习贯彻习近平新时代中国特色社会主义思想的深化、内化、转化工作，从思想上正本清源、固本培元，筑牢信仰之基、补足精神之钙、把稳思想之舵

以学增智：就是要从党的科学理论中悟规律、明方向、学方法、增智慧，把看家本领、兴党本领、强国本领学到手

以学正风：坚持目标导向和问题导向相结合、学查改相贯通，对标党风要求找差距、对表党性要求查根源、对照党纪要求明举措，增强检视整改实效

以学促干：各级党组织要教育引导党员、干部落实"重实践"要求，坚持学思用贯通、知信行统一，匡正干的导向，增强干的动力，形成干的合力，在以学促干上取得实实在在的成效

行的选人用人机制，培养造就更多党和人民需要的好干部，尤其要使那些理想信念坚定、锐意改革创新、敢于负责担当的优秀干部充分涌现出来，使各级干部各尽其能、才尽其用。坚持党管干部原则，发挥党组织领导和把关作用，改革和完善干部考核评价制度，纠正单纯以经济增长速度评定政绩的偏向。进一步完善干部管理和激励制度，破除"官本位"观念，推进干部能上能下、能进能出，打破干部部门化，加强干部跨条块跨领域交流。大力褒奖创新行为，培养和选拔任用富于改革精神、敢于担当、敢闯敢干的干部。对于改革中非故意、非恶意的一般性错误、失误，给予必要的宽容，不搞求全责备，在广大党员干部群众中营造有利于改革创新的良好氛围。

三、深入推进党风廉政建设和反腐败斗争

1. 深入推进党风廉政建设

《决定》指出：健全政治监督具体化、精准化、常态化机制。锲而不舍落实中央八项规定精神，健全防治形式主义、官僚主义制度机制。持续精简规范会议文件和各类创建示范、评比达标、节庆展会论坛活动，严格控制面向基层的督查、检查、考核总量，提高调研质量，下大气力解决过频过繁问题。制定乡镇（街道）履行职责事项清单，健全为基层减负长效机制。建立经常性和集中性相结合的纪律教育机制，深化运用监督执纪"四种形态"，综合发挥党的纪律教育约束、保障激励作用。

良好作风是推动进一步全面深化改革的重要保障。督促各级领导干部保持为民务实清廉的政治本色，大力弘扬脚踏实地、埋头苦干、攻坚克难的优良作风，切实转变工作作风，做到讲实话、干实事，敢

作为、勇担当，言必信、行必果。聚焦群众反映强烈的突出问题，以抓铁有痕、踏石留印的劲头，锲而不舍落实中央八项规定精神，坚持抓常抓细抓长，整治"四风"问题，重点纠治形式主义、官僚主义，保持定力、寸步不让，久久为功、见底见效。健全为基层减负长效机制，把基层干部干事创业的手脚从形式主义的束缚中解脱出来，切实摆脱繁文缛节、文山会海、迎来送往。

加强纪律教育，强化纪律执行，让党员干部增强纪律意识、规矩意识，筑牢底线意识，更加自觉地学习党章、遵守党章，用党规党纪约束思想和行动，从思想上绷紧纪律之弦，习惯在受监督和约束的环境中工作生活。把形式多样的纪律教育与惩罚机制、监管机制相结合，把正面引导教育与反面警示教育结合起来，不断增强纪律教育的针对性、实效性，使党的纪律教育内化于心、外化于行，使党员干部时刻保持自警、自省、自律，敬畏党、敬畏人民、敬畏法纪，不越"底线"，不踩"红线"，不碰"高压线"。坚持惩前毖后、治病救人，强化监督执纪问责，深化运用监督执纪"四种形态"，对违反党纪的问题，发现一起坚决查处一起。

建立经常性和集中性相结合的纪律教育机制的必要性

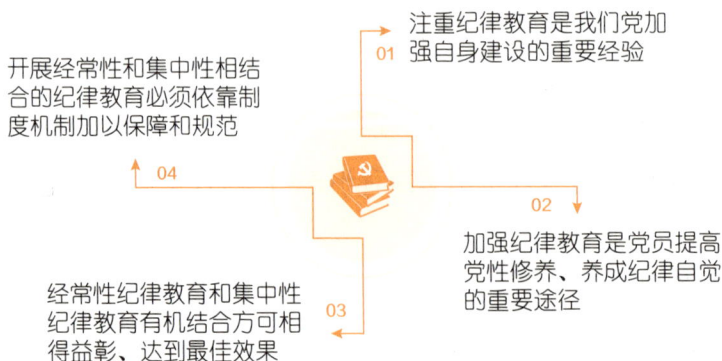

开展经常性和集中性相结合的纪律教育必须依靠制度机制加以保障和规范

01 注重纪律教育是我们党加强自身建设的重要经验

02 加强纪律教育是党员提高党性修养、养成纪律自觉的重要途径

03 经常性纪律教育和集中性纪律教育有机结合方可相得益彰、达到最佳效果

04

2. 深入推进反腐败斗争

《决定》指出：完善一体推进不敢腐、不能腐、不想腐工作机制，着力铲除腐败滋生的土壤和条件。健全不正之风和腐败问题同查同治机制，深化整治权力集中、资金密集、资源富集领域腐败，严肃查处政商勾连破坏政治生态和经济发展环境问题，完善对重点行贿人的联合惩戒机制，丰富防治新型腐败和隐性腐败的有效办法。加强诬告行为治理。健全追逃防逃追赃机制。加强新时代廉洁文化建设。

加强反腐败体制机制创新和制度保障，加强党对党风廉政建设和反腐败工作的统一领导，健全反腐败领导体制和工作机制。改革和完善党的纪律检查体制，健全反腐败法规制度，全面推进惩治和预防腐败体系建设，努力实现干部清正、政府清廉、政治清明，为进一步全面深化改革提供坚强政治保证。

巩固发展反腐败斗争压倒性胜利，以零容忍态度反腐惩恶，更加有力遏制增量，更加有效清除存量，坚决惩治政治问题和经济问题交织的腐败，坚决防止领导干部成为利益集团和权势团体的代言人、代理人，坚决治理政商勾连破坏政治生态和经济发展环境问题。深化标本兼治，加强重点领域监督机制改革和制度建设，深化整治权力集中、资金密集、资源富集领域腐败，扎牢不能腐的笼子，形成靠制度管权、管事、管人的长效机制。

准确把握和深入研究腐败阶段性特征和变化趋势，充分运用现代科技手段，通过互联网赋能、大数据和云计算技术应用，加强数据分析研判，找准重点领域、易发环节，善于从"隐身衣""保护罩"下发现深层问题，对新型腐败和隐性腐败进行有效监管。不断探索和丰富防治腐败的有效办法，提升反腐败方式和手段科学化水平，坚持不懈，久久为功，推动防治腐败问题常态化、长效化。

加强新时代廉洁文化建设，引导党员干部坚定理想信念，强化宗旨意识，保持共产党人的高尚品格和廉洁操守，牢固树立正确的权力观，增强不想腐的自觉。

3. 完善党和国家监督体系

《决定》指出：完善党和国家监督体系。强化全面从严治党主体责任和监督责任。健全加强对"一把手"和领导班子监督配套制度。完善权力配置和运行制约机制，反对特权思想和特权现象。推进执纪执法和刑事司法有机衔接。健全巡视巡察工作体制机制。优化监督检查和审查调查机构职能，完善垂直管理单位纪检监察体制，推进向中管企业全面派驻纪检监察组。深化基层监督体制机制改革。推进反腐败国家立法，修改监察法，出台反跨境腐败法。

压紧压实管党治党主体责任和监督责任，规范党内政治生活，强化日常监督，严明政治纪律和政治规矩，发展积极健康的党内政治文化，全面净化党内政治生态，形成决策科学、执行坚决、监督有力的权力运行机制。完善对高级干部、各级主要领导干部监督制度，完善领导班子内部监督制度，加强纪委对同级党委特别是常委会委员履行职责、行使权力情况的监督。坚持权责统一，抓好《中国共产党问责条例》贯彻落实，以精准规范有力问责，督促各级党组织和领导干部牢记初心使命、增强政治担当，主动开展和自觉接受监督，推动党的建设和党的事业健康发展。强化权力制约，合理分解权力，科学配置权力，确定权力归属，划清权力边界，厘清权力清单，形成科学的权力结构和运行机制。

全面贯彻中央巡视工作方针，深化政治巡视，充分彰显巡视监督严肃性和公信力，完善巡视巡察上下联动格局，建立健全整改常态化、长效化机制。继续深化派驻机构改革，完善综合派驻领导体制，健全日常监督、线索处置、执纪审查、督促整改和提出问责建议相关制度，补齐监督短板，把"派"的权威和"驻"的优势充分发挥出来。

深化基层监督体制机制改革，完善基层监督格局，健全基层监督制度，整合基层监督力量，建好基层监督平台，畅通社会监督渠道，推动全面从严治党向基层延伸。

四、以钉钉子精神抓好改革落实

《决定》指出：对党中央进一步全面深化改革的决策部署，全党必须求真务实抓落实、敢作善为抓落实，坚持上下协同、条块结合，科学制定改革任务书、时间表、优先序，明确各项改革实施主体和责任，把重大改革落实情况纳入监督检查和巡视巡察内容，以实绩实效和人民群众满意度检验改革。

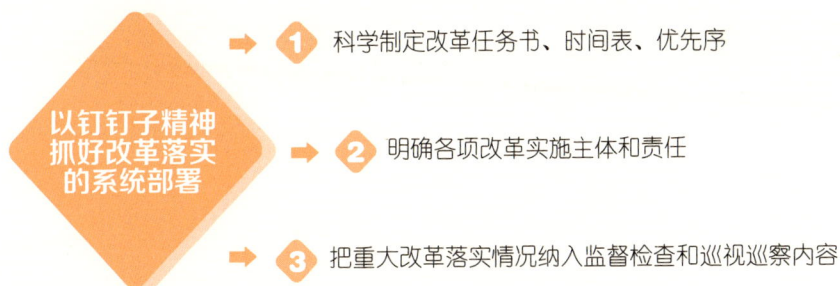

以钉钉子精神抓好改革落实的系统部署

1 科学制定改革任务书、时间表、优先序

2 明确各项改革实施主体和责任

3 把重大改革落实情况纳入监督检查和巡视巡察内容

面对进一步全面深化改革前所未有的任务重、压力大的严峻现实，必须拿出钉钉子精神抓落实，扭住关键、精准发力，敢于啃硬骨头，盯着抓、反复抓，直到抓出成效。要雷厉风行、立行立改、动真碰硬，不驰于空想、不骛于虚声，向阻碍改革的顽瘴痼疾开刀；要接续奋斗，一环紧着一环拧，一锤接着一锤敲，持续加压发力、苦干实干，以抓铁有痕、踏石留印的劲头，推动改革举措落地生根、开花结果。

加强对重大改革落实情况的监督检查和巡视巡察，督任务、督进度、督成效，察认识、察责任、察作风，更好发挥监督检查和巡视巡察在打通关节、疏通堵点、提高质量中的作用，拓展监督检查和巡视巡察工作的广度和深度，点面结合，多管齐下，提高发现问题、解决问题的实效，对执行不力、落实不到位的严肃问责。

结束语

《决定》指出：中国式现代化是走和平发展道路的现代化。对外工作必须坚定奉行独立自主的和平外交政策，推动构建人类命运共同体，践行全人类共同价值，落实全球发展倡议、全球安全倡议、全球文明倡议，倡导平等有序的世界多极化、普惠包容的经济全球化，深化外事工作机制改革，参与引领全球治理体系改革和建设，坚定维护国家主权、安全、发展利益，为进一步全面深化改革、推进中国式现代化营造良好外部环境。

　　中国式现代化是走和平发展道路的现代化。与"弱肉强食"式的西方现代化不同，中国式现代化从不输出殖民、战争和冲突，而是以和平、合作与共赢方式推进。中国式现代化高举和平、发展、合作、共赢旗帜，在坚定维护世界和平与发展中谋求自身发展，又以自身发展更好维护世界和平与发展，在发展自身的同时造福世界，不断为世界和平与发展注入强大正能量，在平等参与、包容普惠中创造发展新机遇、谋求发展新动力，始终做世界和平的建设者、全球发展的贡献者、国际秩序的维护者、公共产品的提供者。

　　深化外事工作机制改革必须坚定奉行独立自主的和平外交政策，坚持以对话协商、共建共享、合作共赢、交流互鉴、绿色低碳五项原则推动构建人类命运共同体，坚持弘扬和平、发展、公平、正义、民主、自由的全人类共同价值，落实全球发展倡议、全球安全倡议、全球文明倡议，倡导平等有序的世界多极化、普惠包容的经济全球化，坚持以国家核心利益为底线维护国家主权、安全、发展利益，参与引领全球治理体系改革和建设，为进一步全面深化改革、推进中国式现代化营造良好外部环境。而进一步全面深化改革、推进中国式现代化的时代价值和世界意义就在于，为维护世界和平稳定彰显中国力量，为推动全球开放合作展现中国担当，为引领全球治理体系变革和完善提供中国方案，为携手实现世界现代化注入中国活力。

全党全军全国各族人民要更加紧密地团结在以习近平同志为核心的党中央周围，高举改革开放旗帜，凝心聚力、奋发进取，为全面建成社会主义现代化强国、实现第二个百年奋斗目标，以中国式现代化全面推进中华民族伟大复兴而努力奋斗。

后　记

为了帮助广大党员干部深入学习贯彻党的二十届三中全会精神，我们组织相关专家、学者编写了本书，并邀请天津大学马克思主义学院院长颜晓峰教授、中国社会科学院中国式现代化研究院党委书记林建华教授等审核统稿、定稿，在此一并表示感谢。

不妥之处，敬请读者批评指正。

编者

2024 年 8 月